FÜR FRITZ ANTON
UND FÜR JULE

DIE WARTBURG

Eine Entdeckungsreise
in die deutsche Geschichte

Text
Günter Schuchardt

Illustration
Ralf Sedlacek

SCHNELL + STEINER

Umschlagabbildung: Wartburgcasting Ralf Sedlacek

Bibliografische Information der Deutschen Nationalbibliothek:
Die Deutsche Nationalbibliothek verzeichnet diese Publikation in der Deutschen
Nationalbibliografie; detaillierte bibliografische Daten sind im Internet über
http://dnb.dnb.de abrufbar.

2. Auflage 2016
© 2016 Verlag Schnell & Steiner GmbH,
Leibnizstraße 13, 93055 Regensburg
Layout: Ralf Sedlacek
Druck: Erhardi Druck GmbH, Regensburg
ISBN 978-3-7954-2490-9

Weitere Informationen zum Verlagsprogramm erhalten Sie unter:
www.schnell-und-steiner.de

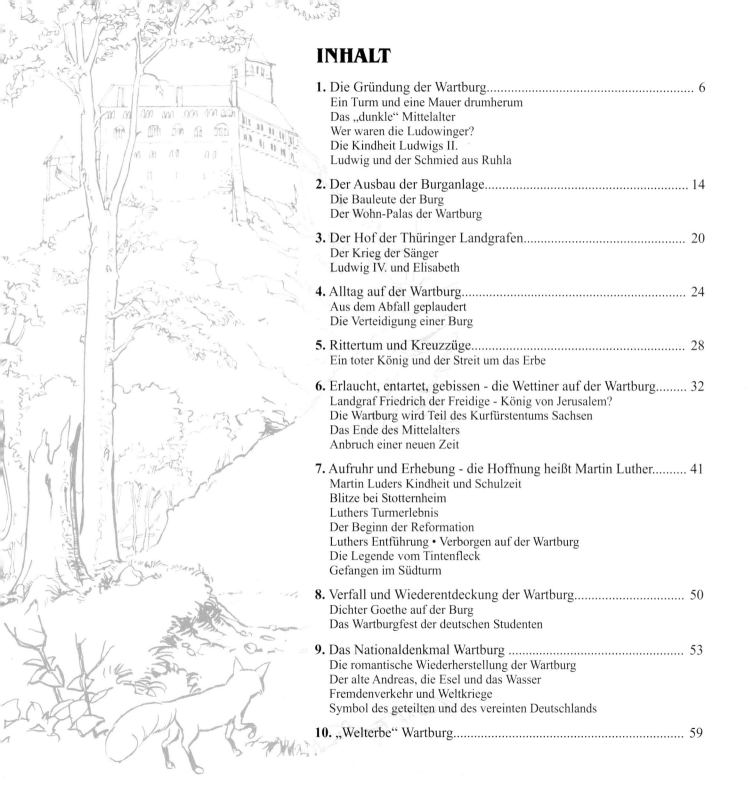

INHALT

DIE GRÜNDUNG DER WARTBURG

Burgen durfte nach mittelalterlichem Recht eigentlich nur der König errichten. Da er jedoch nicht überall gleichzeitig sein konnte, benötigte er die Unterstützung des Adels bei der Sicherung seiner Herrschaft und sah meist darüber hinweg, wenn Fürsten, Grafen und Bischöfe eigene Burgen erbauten.

Als Ludwig *der Springer* die Wartburg um 1067 gründete, tat er das wohl auch unerlaubt, weil ihm das Land zunächst nicht gehörte. Anders war das bei Ludwigs Vater gewesen. Das Gelände im Thüringer Wald, über dem er die Schauenburg nahe dem heutigen Ort Friedrichroda bauen ließ, hatte er als „Lehen" vom König erhalten - er bekam es geliehen, auf Lebenszeit oder so lange, wie er den Herrscher bei dessen Machterhaltung unterstützte. Das konnte Dienst am Königshof bedeuten, aber auch die Verpflichtung zur Teilnahme an Kriegen und Kreuzzügen.

Ludwigs konkreter Auftrag war die Bewachung der wichtigen Handelsstraße von Gotha nach Schmalkalden. Für den Schutz von Händlern, die diesen Weg benutzten, verlangte er Zoll, ein Schutzgeld für sie und ihre Waren auf der Weiterreise. Einen Teil davon hatte er dem König regelmäßig abzuliefern.

Auch von der 200 Meter über dem Tal liegenden Wartburg konnte eine der wichtigsten mittelalterlichen Straßen, die man wie alle Königsstraßen - lateinisch „Via Regia" - nennt, beobachtet werden. Sie führte vom Rhein über Frankfurt unterhalb der Wartburg (heutige B 84) vorbei über Leipzig und Görlitz bis nach Wrozlaw (Breslau). Unmittelbar an der Straße befand sich auch ein Dorf, in dem die Bauern für Ludwig und seine Nachfolger Dienste leisteten.

Im 10. und 11. Jahrhundert wurden Burgen meist aus Holz gebaut. Oft bestanden sie nur aus einem Turm, den kräftige, in den Boden gerammte Holzpfähle wie eine Mauer umgaben.

Ab dem 12. Jahrhundert wurden steinerne Burgen errichtet, was wesentlich mehr Bauzeit in Anspruch nahm und mehr Wissen und Können der Bauleute voraussetzte. Der Burgenbau musste sich über die dann folgenden Jahrhunderte immer weiter entwickeln, weil ständig neue und bessere Waffen erfunden wurden, für die hölzerne Zäune und Türme oder schwache Mauern keine großen Hindernisse mehr waren.

Auf einer Burg wohnten ihre Besitzer und konnten sich bei Angriffen normalerweise gut verteidigen. Das Wort „Burg" stammt aus der althochdeutschen Sprache des Mittelalters und bedeutet so viel wie „geschützter Ort".

Im Gebirge errichtete man Turmburgen, von denen aus herannahende Feinde schon von weitem gesehen werden konnten. Überdies galten diese Burgen als ziemlich sicher, weil sie schwer zu erklimmen und nur unter großen Verlusten einzunehmen waren.

Die frühen Adels- oder Ritterburgen, so auch die Wartburg Ludwigs des Springers, besaßen einen, höchstens zwei hölzerne Türme. Oben hielten sich Wachen auf, im Inneren wohnten Ludwig und seine Familie. Der Rest der Besatzung schlief zunächst in einfachen Zelten.

Leider wissen wir nicht genau, wie die Wartburg kurz nach ihrer Gründung aussah. Wir können es uns durch die Form des Felsens, auf dem sie steht, und den einzigen Zugang im Norden jedoch ganz gut vorstellen.

Die Burgenbauer im Flachland hatten es viel schwerer, eine gut gesicherte Anlage zu errichten. Hier zog man um die Grundstücke breite und tiefe Wassergräben zum Schutz vor ungebetenen Gästen. Nur wenige Menschen konnten damals schwimmen. Mit ihren schweren Rüstungen wären die Angreifer wahrscheinlich gleich untergegangen. So entstanden die Wasserburgen.

Oft wurde in der Mitte noch ein Hügel aufgeschüttet, um bessere Sicht ins Land zu haben. Diese Burgen nennt man deshalb Turmhügelburg.

HALSGRABEN UNTER DER ZUGBRÜCKE DER WARTBURG (19. JAHRHUNDERT)

DAS "DUNKLE" MITTELALTER

Unsere Geschichte kennt drei große Epochen. Am Anfang steht das Altertum, das auch als Antike bezeichnet wird. Jetzt leben wir in der Neuzeit. Die Zeit dazwischen wird das Mittelalter genannt. Es reichte von etwa 500 bis um 1500 unserer Zeitrechnung.

Die mittelalterliche Gesellschaft war in Stände eingeteilt - wir würden das heute als soziale Schichten bezeichnen. Das kann man sich wie eine Pyramide vorstellen. Ganz oben saß der König, darunter sammelten sich geistliche Würdenträger, wie Bischöfe, und der Adel. Zum hohen Adel zählten Herzöge, Fürsten und Grafen, später dann auch manche Ritter. Diese Oberschicht, die „Freien", bildeten höchstens zehn Prozent der Bevölkerung. Sie waren Eigentümer des Landes, das die Bauern bestellten. Im frühen Mittelalter sind die Bauern selbst noch frei gewesen und lebten mit ihren Familien und dem Vieh in weit verstreuten Einzelhöfen. Ihre Häuser bestanden aus Holz, Lehm und Stroh. Ganz wichtig für die Wasserversorgung war ein Bach oder ein Fluss in unmittelbarer Nähe. Wurden die Ernten auf den eigenen Feldern ringsum immer schlechter, zog man an einen anderen Platz. Regelmäßig wurden Märkte abgehalten, wo man Waren tauschte oder für Geld - die Geldmünzen hießen Pfennige oder Brakteaten - verkaufte. An diesen Orten entstanden Dörfer und Städte. Der Handel führte dazu, dass sich die Menschen spezialisierten. Sie entwickelten sich zu Handwerkern, wie Zimmerleuten oder Schmieden, und zu Bürgern, wie Kaufleuten oder Gastwirten. Mit der Gründung von Städten wuchs allerdings auch die Kriminalität. Menschen, die vor Mördern, Räubern und Dieben Schutz suchten, begaben sich in die Abhängigkeit der Mächtigen. Diese nutzten das aus und begannen, die einfachen Leute zu unterdrücken. Die Notlage der Bauern nahm stetig zu, schließlich verloren sie ihr Land an die Reichen. So waren sie zu „Unfreien", Leibeigenen, geworden. Sie hatten ihren Herren zu gehorchen, für sie zu arbeiten und mussten diese mit Korn, Gemüse und Fleisch versorgen. Während sie selbst in Hütten und einfachen Häusern lebten, ließen sich die Adeligen und Bischöfe Burgen errichteten, in denen sie meist sicher und angenehm komfortabel wohnten.
In Europa lebten um 1200 etwa 40 Millionen Menschen (heute sind es 700 Millionen). Die Anzahl der Burgen wird auf rund 100.000 geschätzt. Zu einem Burgherrn - egal ob Ritter oder Bischof - und dessen Familie gehörten somit im Durchschnitt ungefähr 360 unfreie Untertanen.

Oft nennt man das Mittelalter eine dunkle Zeit. Nicht deshalb, weil die Glühlampe noch nicht erfunden war, sondern weil die meisten Menschen nur ein mühevolles, kurzes und wenig glückliches Leben hatten. Jedes zweite Kind starb in den ersten Lebensjahren. Schon mit 35 galt man als alt und wer wie Wenige 60 wurde, war bereits ein Greis. Die durchschnittliche Lebenserwartung lag bei etwas mehr als 30 - heute sind es in Deutschland 77 Jahre. Kriege überzogen Mitteldeutschland immer wieder. Krankheiten konnten sich schnell zu Seuchen entwickeln, weil man sich nicht vor ihnen zu schützen wusste und deren Ursachen nicht kannte.

Höhere Jahrestemperaturen als heute brachten lange Trockenzeiten und Hungersnöte mit sich, weil die Ernte auf den Feldern verdarb. Die einfachen Menschen im Mittelalter hielten das alles aus, weil ihnen vor allem ihr tiefer Glaube an Gott und die gute Hoffnung auf ihre Auferstehung am Tag des Jüngsten Gerichts half. Je mehr sie auf Erden erduldeten, so hatten sie geglaubt, umso mehr würden sie dann von Gott geliebt und zu den guten Seelen gezählt werden. Seuchen, Krankheiten, schlechte Ernten und Hungersnöte galten als unmittelbare und persönliche Strafe Gottes.

WER WAREN DIE LUDOWINGER ?

Von Ludwig *dem Springer* war bereits zu lesen. Schon sein Vater - Ludwig *der Bärtige* - trug denselben Vornamen und bei den Kindern kommender Generationen sollte es nicht anders sein. In dieser Zeit war es üblich, den jeweils zuerst geborenen und damit ältesten Sohn ebenso wie den Vater zu nennen. Richtige Nachnamen, wie wir sie heute kennen, gab es noch nicht. Und so bezeichnet man die Grafen und späteren Thüringer Landgrafen auch einfach als die Ludowinger, denn „Ludovicus" ist die lateinische Form von Ludwig. Um sie besser zu unterscheiden, gab man ihnen Beinamen, wie der Bärtige oder der Springer. Als sie immer mächtiger wurden und aus Dank für ihre Kriegsdienste ernannte sie der König 1131 zu Landgrafen. Sie stiegen innerhalb der mittelalterlichen Ständeordnung auf und wurden den Herzögen gleichgestellt, die man als Stellvertreter des Königs in ihrem jeweiligen Gebiet bezeichnen könnte. Nun wurden ihren Namen auch noch Ziffern beigefügt: Ludwig I. (noch ohne Beiname), Ludwig II., *der Eiserne*, Ludwig III., *der Milde*, Ludwig IV., *der Heilige*. Ausnahmen gab es natürlich auch. Die Töchter spielten dabei gar keine Rolle, oft wurden sie in ein Kloster gegeben. Doch Jutta, eine Tochter Ludwigs I., hat man mit dem böhmischen König Wladislaw nach Prag vermählt. Ludwig IV. heiratete die ungarische Königstochter Elisabeth, Agnes, seine Schwester, war die Frau des Herzogs von Österreich. Damals schon waren die Ludowinger richtige Europäer wie wir Menschen heute.

LUDWIG DER BÄRTIGE
(UM 1040-1056)

LUDWIG DER SPRINGER
(1056-1123)

ADELHEID

LUDWIG I.
(1123-1140)
ERSTER
LANDGRAF

LUDWIG II.
DER EISERNE
(1140-1172)

JUTTA

DIE LUDOWINGER (ca.1000-1247)
UND IHRE BESITZUNGEN

LUDWIG III. DER FROMME
(1172-1190)
GEWINN PFALZGRAFSCHAFT SACHSEN

HERMANN I.
(1190-1217)

SOPHIA

LUDWIG IV. DER HEILIGE
(1217-1227)

ELISABETH

HEINRICH RASPE
(1227-1247)
VON 1246-1247
DEUTSCHER KÖNIG

DER HARZ

Nordhausen

Sondershausen

Sangerhausen

Kloster Helfta

Burg Wettin

Burg Giebichenstein

Halle/S.

PFALZGRAFSCHAFT SACHSEN

Leipzig

Breslau

THÜRINGEN

Tennstedt

Thamsbrück

Vargula

ngen-salza

Runneburg
Weißensee
Eckardtsburg

Gebesee

Liebstedt

Unstrut

Neuen burg

Merseburg

MARK MERSEBURG

Naumburg

Saale

Gotha

Schauenburg

GFT. GLEICHEN

Erfurt

Weimar

Arnstadt

Jena

Zwätzen

Dornburg

Zeitz

Altenburg

MARK ZEITZ

GFT, ORLAMÜNDE

GFT, SCHWARZBURG

Saalfeld

Zwickau

THÜRINGER WALD

Plauen

Coburg

Hof

ERZGEBIRGE

11

DIE KINDHEIT LUDWIGS II.

Als ältestes von sieben Kindern wurde Ludwig um das Jahr 1128 geboren. Das genaue Datum ist nicht bekannt. Seine Mutter Hedwig war eine hessische Grafentochter, sein Vater natürlich Landgraf Ludwig I.

Bis zum siebenten Geburtstag verlebte Ludwig eine unbekümmerte Kindheit am Landgrafenhof, da es in diesen Jahren glücklicherweise kaum kriegerische Auseinandersetzungen gab. Er wuchs bei seiner Mutter auf und spielte mit gleichaltrigen Kindern mit Murmeln, Reifen und Peitschenkreisel. Bei Ausgrabungen fand man Würfel, Spielsteine und Tonfigürchen.

Dann war der Tag für die Ausbildung gekommen. Aus adeligen Jungen wurden erst Pagen, dann Knappen. Ludwig kam an den Hof Herzog Konrads von Franken nach Bamberg. Zuerst hat man ihm das richtige Benehmen beigebracht. Danach erlernte er das Ritterhandwerk. Er übte reiten, jagen und fechten, insbesondere den Schwertkampf.

So eine Ausbildung dauerte normalerweise bis zu 14 Jahre. Doch Ludwig war gerade erst zwölf, als sein Vater starb. Man hat ihm daraufhin ausnahmsweise so früh die „Schwertleite" verliehen. Das bedeutete, dass er nun plötzlich erwachsen war und in den Kampf ziehen durfte. Den Ritterschlag mit dem Schwert auf die Schulter gab es damals noch nicht.

Schon am 2. Februar 1140 wurde Ludwig auf dem Reichstag in Worms zum zweiten Landgrafen von Thüringen ernannt. Seine Mutter stand ihm zur Seite, sie starb als er gerade zwanzig war.

GRABPLATTE LUDWIGS II.
AUS DEM KLOSTER REINHARDSBRUNN

Wir wissen nicht wirklich, wie Ludwig II. ausgesehen hat.

Das Relief auf seiner Grabplatte entstand gut 150 Jahre nach seinem Tod und dürfte wohl eher dem Bild entsprechen, dass sich der Künstler aufgrund der Legende über den „Eisernen Landgrafen" von ihm gemacht hat.

LUDWIG UND DER SCHMIED AUS RUHLA

Ludwig II. trug den Beinamen „der Eiserne", an der Seite des Kaisers war er in viele Kriege verwickelt worden. Er kämpfte in Polen und Italien und gegen den Erzbischof von Mainz, der mit Erfurt die größte Stadt in Thüringen beherrschte.

Über Ludwig II. und seinen Namen wird auch eine der schönsten Sagen erzählt. Sie heißt „Der Schmied von Ruhla" und wurde im 19. Jahrhundert von einem Sagensammler, dem Thüringer Dichter Bechstein aufgeschrieben. Ludwig soll, so erfährt man darin, als Jäger verkleidet und dadurch unerkannt bei einem Schmied um eine Übernachtung gebeten haben, weil er lange durch die Wälder gestreift war und es zu spät zur Rückkehr auf die Wartburg gewesen wäre.

Als sie sich unterhielten, kam die Sprache auf den Landgrafen, worauf sich der Schmied aufregte und auf den Boden spuckte. Er sei kein guter Herrscher, er ließe sich zu viel gefallen von seinen falschen Freunden, die hinter seinem Rücken nichts Gutes täten und das Volk betrügen.
Als sich Ludwig hingelegt hatte und der Schmied annahm, dass er schlief, schürte er noch einmal das Feuer und begann zu arbeiten. Bei jedem Schlag mit dem Hammer rief er: „Landgraf werde hart, werde hart wie dieses Eisen!".

Ludwig hatte ihn sofort verstanden, fortan regierte er mit „eiserner" Hand und trug aus Sicherheitsgründen immer eine Rüstung.

DER AUSBAU DER BURGANLAGE

Nicht jeder Thüringer Landgraf hat so viele deutliche Spuren hinterlassen, wie Ludwig II. Durch seine Heirat mit Jutta von Schwaben war er der Schwager des baldigen Kaisers Friedrich I., genannt *Rotbart* oder *Barbarossa* geworden. Ludwig II. gilt vor allem als der erfolgreichste Burgenbauer der Ludowinger. Er hat im Laufe seines Lebens mindestens 15 Burgen neu errichtet oder umgebaut. Zu ihnen zählen die Runneburg in Weißensee, die Neuenburg in Freyburg an der Unstrut und die Creuzburg in der gleichnamigen Stadt nördlich von Eisenach.

Vor lauter Baulust hat er wohl so manches Mal das Regieren vernachlässigt.

Ab Mitte des 12. Jahrhunderts wurde auch die Wartburg grundlegend umgebaut, was einem Neubau gleichkam. Landgraf Ludwig II. ließ zunächst eine 420 Meter lange und bis zu acht Meter hohe steinerne Ringmauer errichten. Direkt an diese Mauer wurden im Norden ein Torhaus oder Torturm mit dem einzigen Zugang und im Osten der Palas, das Hauptgebäude einer Burg des Hochadels dieser Zeit, angebaut. Am höchsten Punkt in der Mitte der Anlage wurde ein weiterer Turm errichtet, von dem heute nur ein Fundamentrest erhalten geblieben ist.

Schon allein für diese Bauwerke wurden 40.000 Tonnen Baumaterial benötigt. Ein sehr großer, moderner Lastkraftwagen kann etwa 30 Tonnen zuladen. Dafür würde man heute mehr als 1.300 Fuhren brauchen. Wichtigstes Transportmittel des 12. Jahrhunderts aber war der Ochsenkarren. Zwei davor angespannte Tiere konnten nicht viel mehr als eine halbe Tonne Baumaterial bewegen. So waren insgesamt rund 60.000 Fahrten nötig, um alles heranzuschaffen. Jeden Tag kamen mindestens 15 Fuhren zur Wartburg, die entladen und verbaut werden mussten. Gearbeitet wurde von Montag bis Samstag, je nach Jahreszeit bis zu zwölf Stunden täglich. Nur bei Frost und an Sonn- und Feiertagen blieb es auf der Baustelle still.

Nur ganz selten sind die Namen der Architekten, die die Bauwerke entwarfen, oder die der Steinbildhauer, die so schöne Figuren und Pflanzen in die Sandsteine gehauen haben, bekannt.

Das gilt auch für die Wartburg. Wir wissen lediglich, dass einige der Bauleute von sehr weit her kamen. Sie hatten zuvor an einer Kirche in Maastricht gearbeitet. Die Stadt liegt heute im südlichsten Zipfel der Niederlande und ist mehr als 400 Kilometer entfernt.

Die wichtigsten Handwerker auf der mittelalterlichen Baustelle waren Steinmetze, Maurer, Zimmerleute und Schmiede. Sie haben mit ziemlich einfachen Werkzeugen gearbeitet, die wir aber heute alle noch kennen.

DIE BAULEUTE DER BURG

Wenn auch nicht ganz herum, so kann man doch ein gutes Stück entlang der Außenmauern der Wartburg spazieren gehen. Neben einer wunderbaren Aussicht auf den Thüringer Wald findet man dort einen Burgenbauplatz, eine Baustelle, auf der es einiges zu entdecken gibt. Gleich am Anfang steht ein Holzhaus mit einem großen Schornstein - eine Schmiede. Gegenüber befindet sich eine hölzerne Hütte, unter deren Dach die Bauleute bei schlechtem Wetter gearbeitet haben. Sie enthält eine kleine Stube, in der das Werkzeug aufbewahrt wurde. Dort saß der Bauleiter, der den Handwerkern den Lohn auszahlte. Gleich nebenan ist ein hölzernes Gerüst zu sehen. Neben dem Gerüst steht ein wuchtiger Galgenkran, mit dem die schweren Steine nach oben gezogen wurden. Er sieht aus wie ein großes „T". Über hölzerne Rollen wurde das Baumaterial mit der Kraft mehrerer Männer bewegt. Einen Flaschenzug kannte man im Mittelalter nicht.

DEM MITTELALTER NACHEMPFUNDENER BURGENBAUPLATZ AN DER WARTBURG

Am Kran hängt eine große Steinzange. Damit die Steine beim Hinaufziehen nicht herausrutschen konnten, schlug man seitlich zwei Löcher hinein, in die die Zange einrastete. Diese Steinzangen sind jedoch eine Erfindung des 13. Jahrhunderts und deshalb beim ersten Wartburgausbau noch nicht verwendet worden. So gibt es auch keine sichtbaren Löcher am Palas und an den Mauern. Damals hat man auf der Oberseite eine nach innen schräg verlaufende Vertiefung eingeschlagen, in die man ein dreiteiliges Eisen mit einem großen Ring steckte. Das Werkzeug nannte man „Wolf". Das war viel komplizierter als die Zange, die sogar heute noch auf Baustellen Verwendung findet.

Doch als der kleinere Turm der Wartburg abgebrannt war und um 1320 wieder aufgebaut wurde, haben die Bauleute Steinzangen benutzt. An den Sandsteinen der Turmecken kann man die Löcher deutlich erkennen.

Und so lassen sich mittelalterliche Mauern ganz einfach unterscheiden. Sind keine Zangenlöcher zu sehen, müssen sie vor 1200 errichtet worden sein.

"WOLF"

ZANGENLOCH IN DER WESTLICHEN STÜTZMAUER DER WARTBURG

STEINZANGE

DER WOHN-PALAS DER WARTBURG

Manche werden fragen, ob am Ende des Wortes nicht das „t" vergessen worden sei, „Palast" müsste es wohl doch richtigerweise heißen. Im Prinzip ist das gar nicht verkehrt, denn der Ursprung beider Wörter ist derselbe und leitet sich vom Hügel Palatin ab, auf dem die ersten großen Bauwerke Roms errichtet worden waren.
Paläste standen meist in Städten, dienten der Selbstdarstellung und dem Feiern. Palas- oder Saalbauten auf Burgen hingegen waren darüber hinaus auch Wohnung der jeweiligen Besitzer. Burgen der Könige des Mittelalters nennt man Pfalz. Auch dieses Wort hat denselben Ursprung wie Palas und Palast. Selbst die Wartburg war für kurze Zeit einmal eine Königspfalz, allerdings nur für neun Monate, doch davon später.

Der Palas der Wartburg ist der am besten erhalten gebliebene Bau seiner Art aus der Zeit der Romanik nördlich der Alpengebirge. Er gehört zu den größten Saalbauten dieser Epoche und misst 38 x 14 Meter, so viel wie fünf oder sechs Einfamilienhäuser heute. Da der Wartburgfelsen nach Süden schräg abfällt, wurde zuerst ein Untergeschoss errichtet, das zunächst nur als Keller und Abfallgrube diente. Dessen Decke bildet die ebene Fläche für die oberen Etagen. Im Erdgeschoss gibt es drei Wohnräume für den Landgrafen und seine Familie. Heute werden sie Rittersaal, Speisesaal und Elisabethkcmenate genannt. Darüber entstanden ein Empfangsraum - eine Besuchergarderobe -, und ein Saal für Zusammenkünfte, wichtige Verhandlungen und sicher prachtvolle und offenbar sehr laute Feiern. Das zweite Obergeschoss besteht sogar nur aus einem einzigen Festsaal und einem davor liegenden Gang. Mehrere Hundert Menschen fanden darin Platz.

Musiker des Mittelalters, berühmte Minnesänger wie Walther von der Vogelweide haben davon berichtet:

Denn kommt er dorthin, so wird er wahrhaftig taub.
Ich habe das Gedränge bei Hofe bis zum Überdruss
mitgemacht: Ein Haufen tobt heraus, ein anderer
hinein, und das bei Tag und Nacht.

Wann der Palas der Wartburg errichtet wurde, verraten uns weder Urkunden noch alte Chroniken. Hier hat die Untersuchung der mächtigen Eichenbalken der Holzdecken im Gebäude Aufschluss gebracht. Heute können Wissenschaftler durch die Dendrochronologie - übersetzt heißt das „Baum-Zeit-Lehre" - sehr genau feststellen, wann das Bauholz im Wald geschlagen wurde. Für die Decke zwischen Keller und Erdgeschoss wurden die Jahre 1157, in der Etage darüber 1161 nachgewiesen, in denen die Bäume gefällt worden sind. So weiß man heute auch, wie schnell das Gebäude Landgraf Ludwigs II. fertiggestellt war: innerhalb von etwa 15 Jahren zwischen 1155 und 1170.
Der Wartburgpalas war zu seiner Entstehungszeit ein sehr modernes Bauwerk. Alle Räume besaßen Kamine und im Rittersaal gab es eine Fußbodenheizung. Heiße Luft wurde durch gemauerte Schächte im Boden des Gemachs geleitet. So war es selbst im Winter einigermaßen behaglich. Aborte, „Toiletten", gab es in allen Etagen und wegen der unangenehmen Gerüche immer nur an der Außenseite, nicht zum Hof, sondern zum Hang. Das waren kleine, über die Fassade hinausreichende Bauteile mit einem Holzbalken und einem Loch im Boden. Die Körperreinigung nach deren Benutzung erfolgte mit Moos, Gras, Blättern oder Stroh.

Das Dach war ursprünglich mit Bleiplatten gedeckt.

Ein großer Festsaal nimmt fast das ganze oberste Geschoss ein.

Drei Kamine sorgten für Wärme, wenn der Landgraf Hof hielt oder feierte.

Vor den Haupträumen verlief ein Gang mit offenen Arkaden.

Im 1. Obergeschoss liegen repräsentative Räume, in denen der Landgraf und seine Familie Gäste empfingen oder speisten.

Später, im 14. Jahrhundert, wurde eine kleine Kapelle eingebaut.

Im Erdgeschoss wohnten der Landgraf und seine Familie.

Fenster aus Glas gab es im 12. Jahrhundert noch nicht, im Winter verschloss man die Fenster-öffnungen mit Tierhäuten oder Holzläden.

Es ist anzunehmen, dass es so eine Nebentreppe gab, über die das Gesinde vom Burghof direkt zu den Wohnräumen des Landgrafen gelangen konnte. Die Haupttreppe stand vermutlich außen vor der Hoffassade. Beide Treppen sind heute nicht mehr erhalten.

Das Untergeschoss konnte über eine Tür direkt vom Burghof erreicht werden. Lange Zeit wurden die Räume nur als Lager und Abfallgrube genutzt.

DER HOF DER THÜRINGER LANDGRAFEN

So angenehm wie heute war das Leben auf der mittelalterlichen Burg dennoch nicht. Die Menschen stellten sich auf die Jahreszeiten ein und richteten sich nach den Tagesstunden. Auch der Landgraf und seine Familie schliefen nicht übermäßig lang. Der Tag begann mit einem Morgengebet in der Burgkapelle.

Der Hofverwalter war der wichtigste Bedienstete und vertrat den Burgherren bei dessen Abwesenheit. Auf Burgen des Königs oder mächtiger Fürsten nannte man ihn Burggraf oder Burgvogt, was bedeutet, dass er selbst aus dem Adel stammte. Zeitweise waren es hier die Grafen von Bilstein, die in der Gegend von Eschwege wohnten. In alten Urkunden nennen sie sich deshalb auch „Grafen von Wartburg".

AQUAMANILE DES 12. JAHRHUNDERTS
AUS DER KUNSTSAMMLUNG DER WARTBURG

Weitere vier bedeutende Stellungen am Hof der Thüringer Landgrafen hatten der Truchsess von Schlotheim, der Mundschenk von Vargula, der Marschall von Eckartsberga und der Kämmerer von Fahner inne. Der Truchsess, auch Seneschall genannt, war Vorgesetzter der anderen und als Küchenmeister für die Speisen zuständig, der Mundschenk sorgte für die Getränke und den gedeckten Tisch.

Marschall oder Marschalk nannte man den Stallmeister; er kümmerte sich um die Pferde. Der Kämmerer war der Kammerdiener des Landgrafen, aber außerdem Wächter über Geld und Wertsachen. Sie alle hatten auch ein „von" im Namen, durften sich nach ihren Heimatorten nennen und vererbten ihr Amt an ihre zuerst geborenen Söhne weiter. In zwei der Bezeichnungen steckt das Wort „Schalk", hinter dem wir heute einen Witzbold vermuten. Im Mittelalter bedeutete es Knecht oder Diener, nicht zu verwechseln mit den einfachen Burgleuten, dem Gesinde.

DER KRIEG DER SÄNGER

Die prächtigsten Feste auf der Wartburg soll Landgraf Hermann I. gefeiert haben. Er war der Enkel Ludwigs II., der den Palas errichten ließ. Hermann war gebildet und hatte sogar in Paris studiert. Die Sage berichtet, er habe im Jahr 1206 zum berühmten Sängerkrieg aufgerufen und sechs sehr bekannte Minnesänger, mittelalterliche Dichter, dazu eingeladen, die ihre Lieder im Wettstreit vortragen sollten, wofür er reiche Belohnungen versprach. Natürlich wollte der Landgraf von den Sängern auch hören, dass er der großzügigste und bedeutendste Fürst seiner Zeit sei, der wie kein anderer die Künste fördere. Doch einer der Sänger, er soll Heinrich von Ofterdingen geheißen haben, lobte in seinen Liedern Leopold VI., den Herzog von Österreich. Auch dieser war ein ganz bedeutender Förderer der Künste und des Minnesangs. Hermann war erbost und rief nach dem Henker.

Landgräfin Sophia rettete dem Sänger das Leben, bat ihren Mann, den berühmten Zauberer Klingsor aus Ungarn herbeizurufen und den Wettstreit nach einem Jahr noch einmal zu wiederholen. So geschah es und Klingsor schlichtete, indem er die Großzügigkeit beider Fürsten gleichermaßen lobte. Doch einen Heinrich von Ofterdingen hat es wahrscheinlich nie gegeben, auch einen Klingsor nicht. Sie entstammen der Sage, besser der Dichtung vom „Wartburgkrieg", die um 1260 entstand. Spätestens 1225 war das ohnehin alles vergessen gewesen. Hermanns Tochter Agnes heiratete den Sohn seines Konkurrenten Leopold im Sängerkrieg, Erbherzog Heinrich *den Grausamen* von Österreich. Tatsächlich hat man im Mittelalter an vielen Höfen solche Wettstreite ausgeführt. Man nannte sie „Geteiltes Spiel", was soviel bedeutet, dass jeder der Sänger eine ihm zugeteilte Rolle mit Liedern ausfüllen musste. Todesfälle sind dabei nicht bekannt geworden.

DARSTELLUNG DES SÄNGERKRIEGES AUF EINEM WANDBILD IN DER WARTBURG

LUDWIG IV. UND ELISABETH

Bevor Klingsor zur Schlichtung des Sängerkrieges auf die Wartburg kam, stärkte er sich im Eisenacher Gasthaus Hellgrevenhof an der Stadtmauer. Da er ein Zauberer war, konnte er offenbar hellsehen und sagte dort am Tisch die Geburt der ungarischen Königstochter Elisabeth voraus. Landgraf Hermann erhielt davon Nachricht und beschloss sofort, bei ihren Eltern um die Hand der Neugeborenen für seinen siebenjährigen Sohn Ludwig anzuhalten. Das war damals durchaus üblich, Ehen wurden nicht aus Liebe, sondern aus politischen und wirtschaftlichen Gründen geschlossen. Eine Königstochter in der Familie versprach hohes Ansehen und noch mehr Macht. Hermann schickte Brautwerber mit prachtvollen Geschenken aus und hatte Erfolg. Im Alter von vier Jahren kam die Prinzessin nach Thüringen und wuchs mit ihrem späteren Mann Ludwig gemeinsam auf der Wartburg auf.

Als Elisabeth gerade 14 war, wurde sie mit dem 21jährigen Landgrafensohn verheiratet.
Beide soll eine wirklich tiefe Liebe zueinander verbunden haben. Schon ein Jahr später kam ihr erstes Kind zur Welt: Hermann (II.). 1224 folgte die Tochter Sophie, drei Jahre danach die Tochter Gertrud. Ludwig hat die Geburt der Jüngsten nicht mehr erlebt. Er war im September 1227 auf dem Weg in den Kreuzzug an schwerem Fieber gestorben.
Spätestens da entschied sich Elisabeth, ihr Leben radikal zu verändern. Die Lebensbedingungen der Menschen hatten sich seit dem 11. Jahrhundert immer weiter verschlechtert. Kriege und Unwetter vernichteten die Ernten und führten zu Hungersnöten. Selbst wer Arbeit fand, benötigte seinen gesamten Lohn für die eigene Ernährung. Mehr als die Hälfte der Menschen lebte „von der Hand in den Mund". Der Übergang von der Armut zu Elend und Bettelei war oft nur noch eine Frage der Zeit.

Elisabeth ging in Eisenach in ihrem tiefen Glauben häufig zu den Franziskanermönchen und gründete nach ihrem Vorbild zwei Armenhospitäler in Gotha und in der Nähe der Wartburg. Die Franziskaner führten ein Dasein *in Gehorsam, ohne Eigentum und in Keuschheit,* so wie sie das Leben von Jesus Christus verstanden. 1226, während einer großen Hungersnot in Thüringen, ließ die Landgräfin die Kornkammern öffnen, um den Ärmsten zu helfen. Die geizige Hofgesellschaft hat ihr das übel genommen und sich bitter bei ihrem Mann beklagt. Das bekannte „Rosenwunder", die Sage von der Verwandlung des heimlich entnommenen Brotes in Rosen, ist eine spätere Erfindung.

Nach Ludwigs Tod verließ die junge Witwe den Hof für immer, gab ihre drei Kinder zur Erziehung ins Kloster und eröffnete vor den Toren der Stadt Marburg ein weiteres Krankenhaus für die Armen. Dort starb sie selbst im Alter von nur 24 Jahren.

Bei Elisabeths Mitmenschen hat dieses freiwillig entbehrungsreiche Leben viel Eindruck hinterlassen. Bald sollen sich an ihrem Grab unzählige Wunder ereignet haben, selbst Schwerkranke wurden wieder gesund. Papst Gregor IX. erhob Elisabeth Pfingsten 1235 zur Heiligen.
Bis heute wird sie von Christen in aller Welt verehrt.

ELISABETH LEGT DIE KRONE AM ALTAR NIEDER
MOSAIK, ELISABETHKEMENATE DER WARTBURG

Wurde es hell, regte sich bald auch das Leben auf der Burg. Das Glöckchen der Burgkapelle rief zum Gebet. Dann waren die Tiere zu füttern, Brot zu backen und alle paar Tage Bier zu brauen. Bis zum siebenten Geburtstag lebten Mädchen und Jungen bei ihren Müttern. Danach, wir erinnern uns, wurden die adeligen Knaben zu Pagen und Knappen ausgebildet. Die Söhne der einfachen Leute ergriffen meist den Beruf ihrer Väter. Lesen und schreiben lernten zunächst nur diejenigen Jungen, die Priester oder Mönche werden sollten, denn außerhalb der Klöster und Kirchen gab es im 12. Jahrhundert noch keine Schulen. Mädchen hatten kaum Bildungsmöglichkeiten.

Der oft einzige Schreibkundige auf einer mittelalterlichen Burg ist der Kaplan gewesen, der mehrmals am Tag in der Burgkapelle predigte. Häufig war er ein Mönch, der auf der Wartburg dem Benediktinerorden angehört haben dürfte. Denn Ludwig der Springer hatte 1085 das Kloster Reinhardsbrunn gegründet, in dem später fast alle Thüringer Landgrafen begraben werden sollten. Dort lebten diese Mönche streng nach Regeln, wie „bete und arbeite". Weil der Kaplan lesen und schreiben konnte, war er auch für alle Dokumente und Urkunden des Landgrafen zuständig, die er sorgfältig aufzubewahren hatte.

Manchmal wurden diese Papiere gefälscht, um beispielsweise Land, das einfach in Besitz genommen worden war, zu Eigentum zu erklären. Die meisten Menschen konnten ja nicht lesen und mussten glauben, was man ihnen mündlich vortrug.

Tagsüber ging das Gesinde seiner ihm zugeteilten Arbeit nach - in die Viehställe, die Kräuter- und Obstgärten, auf nahe gelegene Felder, zum Fischfang oder in die Wälder. Andere wieder halfen in der Küche. Auf den meisten Burgen gab es sogar eine Getreidemühle. Vor allem im Winter wurde geschlachtet. Wurst und Schinken, aber auch Gemüse hielten sich bis zum Frühjahr. Korn wurde sorgfältig gedroschen, getrocknet, verschlossen aufbewahrt und fand im gesamten Jahr in der Küche als Grundnahrungsmittel Verwendung.

Manchmal, vor allem wenn es kalt war, wurde in hölzernen Wannen, in Waschzubern, mit sehr warmem Wasser gebadet. Das hatten die Ritter auf den Kreuzzügen im Nahen Osten kennengelernt. Brach dann der Abend herein, wurde es still auf der Burg. Nur wenige Öllampen und Fackeln erleuchteten den Hof und die Gebäude. Mit den Hühnern gingen auch die Leute schlafen - der Landgraf und seine Familie in den prächtigen Palas, das Gesinde in seine einfachen Holzhütten.

Täglich hat es nur zwei Mahlzeiten gegeben, ein meist üppiges Frühstück nach neun Uhr und ein Hauptessen am Nachmittag, das mehrere Stunden dauern konnte. Schon morgens standen für den Landgrafen verschiedene Sorten Fleisch, Brot und Brei bereit. Später speiste er meist in größerer Gesellschaft und begann mit einer Suppe. Danach gab es wieder Fleisch - Geflügel, Schwein, Rind oder Wild -, Gemüse, wie Kraut und Rüben, aber auch Obst, Nüsse oder essbare Kastanien, zum Abschluss Käse und Süßes mit Bienenhonig. Kartoffeln hat es hier im Mittelalter noch nicht gegeben, sie kamen erst im 16. Jahrhundert von Südamerika mit Schiffen nach Europa. Getrunken wurden dünnes Bier und Wein, die Kinder bekamen Milch oder Obstsäfte. Wasser wurde gemieden, weil es oft verunreinigt war und zu Erkrankungen führen konnte.

An den vielen von der Kirche festgelegten Fastentagen fielen die Mahlzeiten weit mäßiger aus als sonst. Fleisch, Eier und Milch waren verboten, Fisch und Gemüse aber erlaubt. In häufig schlechten Zeiten hat selbst die Burgbesatzung gehungert.

Woher wissen wir eigentlich, was die Menschen damals gegessen haben? Da wir keine Kochbücher und Rezepte aus dem 12. Jahrhundert kennen, sind es die Abfallgruben, die uns davon berichten. Im Untergeschoss des Palas hat sich in früheren Zeiten immer wieder der Fußboden gesenkt. Vor einigen Jahren sahen Archäologen genauer nach und entdeckten eine Abfallgrube in einer Kluft zwischen Felsen und Außenmauer, die drei Meter tief war. 300 Jahre lang wurden hier Essensabfälle aber auch kaputtes Küchengeschirr hineingeworfen. Die meisten Knochen stammten von gemästeten Hausschweinen, die nicht älter als zwei Jahre geworden sind. An zweiter Stelle folgten Rinderknochen. Skelette von Wildtieren waren hingegen selten und machten nur fünf Prozent aus, darunter Hirsche, Rehe, Wildschweine und Bären. Selbst Pferde- und Hundeknochen wurden gefunden. Sie zeugen vom Hunger der Burgbewohner in Notzeiten und bei Belagerungen.

Die militärische Besatzung, die Wachen, hatten die Burg und das Umfeld rund um die Uhr zu kontrollieren und waren eigentlich immer im Dienst. Nur zum Ausruhen und Essen wurden sie abgelöst, Freizeit hatten sie wie die anderen einfachen Burgleute auch nur in den seltensten Fällen. Kam es zu feindlichen Angriffen, mussten alle gemeinsam die Burg verteidigen.

Eine Burg aus Holz hatte zwar den Vorteil, schnell errichtet werden zu können, hielt aber auch nur wenige Jahrzehnte. Immer wieder fingen ganze Burgen Feuer, weil ihre Bewohner unvorsichtig waren, Blitze einschlugen, oder weil sie mit Brandpfeilen beschossen wurden. Wichtigste Fernwaffen für Angreifer und Verteidiger waren Langbögen und Armbrüste, mit denen Pfeile oder Bolzen über mehr als 200 Meter verschossen werden konnten.

Um die Mitte des 12. Jahrhunderts sind dann weit wirksamere Fernwaffen entwickelt worden. Das waren Wurfmaschinen, die aus Holzstämmen errichtet wurden.

Sie besaßen mehr als die doppelte Reichweite. Man nennt sie „Tribok" oder „Blide". Sie erinnern an sehr große Katapulte. Ihre Wurfgeschosse waren schwere Steinkugeln, so schwer, dass sie ein Mensch gerade noch tragen konnte. Beim Aufbau ließen sich die Männer Zeit, denn die von der belagerten Burg verschossenen Pfeile und Armbrustbolzen erreichten sie nicht.

Die Steinkugeln wurden so lange geschleudert, bis sie ein Loch durch Zäune und Mauern brachen. Nun versuchten die Angreifer, die Burg im Nahkampf mit Lanzen, Schwertern, Streitkolben und Dolchen einzunehmen.

In dieser Zeit veränderte sich das Aussehen einer Burg grundlegend. Gebäude und Mauern wurden jetzt aus Steinen errichtet. Die Mauern konnten sehr dick sein. Auf der Wartburg messen sie bis zu drei Metern.

An manchen Stellen findet man auch heute noch Schlitze in den Mauern. Das sind Schießscharten. Sie können ganz unterschiedlich aussehen. Die ältesten sind lang und schmal - sie waren für die Bogenschützen vorgesehen. Durch etwas breitere Schlitze, manchmal auch in Kreuzform, schossen die Armbrustschützen. Findet man Schlüsselscharten, deren Schlitz unten in einer runden Aussparung endet, sind sie für Schusswaffen gedacht, die allerdings erst im 14. Jahrhundert mit dem Handrohr, der Donnerbüchse, aufkamen.

SCHLÜSSELSCHARTE AM TORHAUS DER WARTBURG

RITTERTUM UND KREUZZÜGE

Waren die Thüringer Landgrafen auch Ritter? „Jein" müsste man antworten.

Kaiser Friedrich I., genannt Rotbart (Barbarossa), hat alle gerüsteten, bewaffneten und zu Pferd kämpfenden Männer Ritter genannt. Ritter sind immer Reiter. Daher stammt das Wort, das wir sofort mit Ritterburg und Ritterschlag verbinden.

Ein verbreiteter Irrtum ist, dass man als Ritter geboren wurde. Nein, Ritter zu sein war im Mittelalter so etwas wie ein Beruf gewesen. Doch nur derjenige konnte Ritter werden, der das nötige Geld für seine Rüstung, wenigstens drei Pferde und den Lohn für seinen Knappen besaß. Natürlich musste er sportlich sein. Der Knappe half dem Ritter in die Rüstung, trug dessen Schild und kümmerte sich um die Pferde. Er selbst konnte nach sieben Jahren, in denen ihn sein Herr im Kampf und im höfischen Benehmen ausbildete, ebenfalls Ritter werden - wenn wiederum er das nötige Geld für seine Ausrüstung aufbringen konnte.

Es spielte zunächst keine Rolle, ob er der Sohn eines Adeligen war oder aus einem unteren Stand kam. Ritter waren immer Einzelkämpfer. Die meisten von ihnen sind sogar ziemlich arm gewesen.

In friedlichen Zeiten führten sie kleine private Kriege und plünderten, um ihre eigene Not zu lindern. Der Papst und die Bischöfe forderten sie immer wieder auf, christlich und enthaltsam zu leben.

Um diese Streitigkeiten zu verhindern, wurde die Gründung von Ritterorden genehmigt, die vor allem die Pilger schützen sollten, die die ursprünglichen Stätten des Christentums im Heiligen Land, heute Israel, aufsuchen wollten.

Dorthin richteten sich dann auch die Kreuzzüge gegen die islamischen Völker. Die Teilnahme am Kreuzzug versprach die unmittelbare Aufnahme in das Himmelreich, denn deren Ziel war, die Lebensorte und Wirkungsstätten von Jesus von den Nicht-Christen zu befreien.

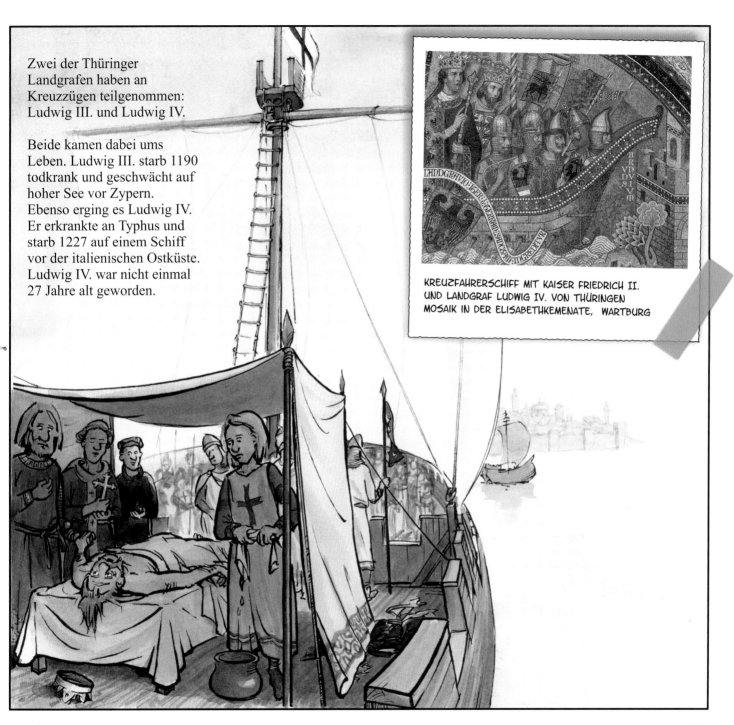

Zwei der Thüringer Landgrafen haben an Kreuzzügen teilgenommen: Ludwig III. und Ludwig IV.

Beide kamen dabei ums Leben. Ludwig III. starb 1190 todkrank und geschwächt auf hoher See vor Zypern. Ebenso erging es Ludwig IV. Er erkrankte an Typhus und starb 1227 auf einem Schiff vor der italienischen Ostküste. Ludwig IV. war nicht einmal 27 Jahre alt geworden.

KREUZFAHRERSCHIFF MIT KAISER FRIEDRICH II. UND LANDGRAF LUDWIG IV. VON THÜRINGEN MOSAIK IN DER ELISABETHKEMENATE, WARTBURG

Heinrich Raspe IV., der jüngere Bruder Ludwigs IV., wurde sein Nachfolger. Kaiser und Papst stritten zu dieser Zeit um die Macht in Europa. Kaiser Friedrich II. hatte seinen Sohn Konrad zum deutschen König bestimmt. Papst Innozenz VI. erklärte den Kaiser für abgesetzt und ließ 1246 Heinrich Raspe zum deutschen Gegenkönig wählen. In den folgenden Monaten kam es deshalb zu Kämpfen zwischen den verfeindeten Lagern. Nicht weit von Stuttgart wurde Heinrich schwer verwundet und gab auf. Er zog sich auf die Wartburg zurück, wo er am 16. Februar 1247 starb. Heinrich war drei Mal kinderlos verheiratet. Mit seinem Tod erlosch die Thüringer Landgrafschaft der Ludowinger.

Heinrich Raspe hatte den Sohn seiner Halbschwester Jutta, der ebenfalls Heinrich (III.) hieß, zu seinem Nachfolger bestimmt. Er war bereits Markgraf von Meißen.

HEINRICH RASPE IV.
THÜRINGER MUSEUM EISENACH

UND DER STREIT UM DAS ERBE

Doch die restliche Verwandtschaft gab sich damit nicht kampflos zufrieden. Immerhin ging es um Ländereien in ganz Thüringen, Sachsen und Hessen. Herzogin Sophie von Brabant, die älteste Tochter der heiligen Elisabeth und Ludwigs IV., die Nichte Heinrich Raspes, führte einen 17jährigen Krieg um das Erbe der Ludowinger. Schließlich gelang es ihr, zumindest die hessischen Besitzungen für ihren Sohn an sich zu bringen. Thüringen und Hessen sollten seitdem an der Werra geteilt bleiben und von nun an getrennt regiert werden.

Als Landgrafen von Thüringen herrschten jetzt die Wettiner, die sich nach ihrer mächtigen Stammburg Wettin bei Halle nannten. Ihnen gehörten nun drei große Ländereien, neben Thüringen die Markgrafschaft Meißen und die Mark Landsberg sowie weitere Gebiete mit den Hauptorten Altenburg und Leipzig. Hatte ein Wettiner mehrere Söhne, wurden die Länder nach seinem Tod unter ihnen aufgeteilt. So behielten die Wartburg und Eisenach ihre Bedeutung als „Hauptstadt" der Landgrafschaft Thüringen noch für knapp zwei Jahrhunderte. Eisenach war einer der wichtigsten Verkehrsknoten in Mitteldeutschland. Allein sieben alte Handelsstraßen führten über das Stadtgebiet.

DIE BESITZUNGEN
DER WETTINER
(bis 14. Jh.)

ERLAUCHT, ENTARTET UND GEBISSEN

DIE WETTINER AUF DER WARTBURG

LANDGRAFSCHAFT THÜRINGEN

MARK MEISSEN

PFALZGRAFSCHAFT SACHSEN

MARK LANDSBERG

WAPPEN DER WETTINER IM 14. JAHRHUNDERT

Auch die Wettiner besaßen eigenartige Beinamen. Landgraf Heinrich III. nannte man *den Erlauchten*, weil er als edler, großzügiger und gerechter Fürst galt. Als Minnesänger hat er uns sogar einige Lieder hinterlassen. Seinen Vater nannte man Dietrich *den Bedrängten*. Das mag daher kommen, dass er mehrmals Angriffen seiner Untergebenen ausgesetzt war, sich jedoch schließlich immer erfolgreich durchsetzen konnte und seine Macht festigte. Ganz anders verlief das Leben des Enkels und Sohnes Heinrichs des Erlauchten, Albrechts *des Entarteten* - des „Unartigen". Dieser Beiname bezieht sich auf den Lebenswandel des Land- grafen. 1254 hatte er Margaretha von Staufen geheiratet, die ihm vier Kinder zur Welt brachte. Nach einigen glücklichen Jahren wandte er sich von ihr ab und Kunigunde von Eisenberg zu, der Hof- dame seiner Frau. Noch während seiner Ehe soll ihm Kunigunde zwei Kinder geboren haben.

Margaretha floh aus Gram mitten in der Nacht völlig allein von der Wartburg. In ihrem Abschiedsschmerz biss sie ihren Sohn Friedrich in die Wange. So erhielt er den Beinamen *der Gebissene*.

Allerdings vermischen sich hier wohl Geschichte und sagenhafte Überlieferung. Albrecht führte Krieg gegen die eigenen Söhne, nahm Friedrich auf der Wartburg gefangen und verkaufte wichtige Besitzungen aus Geldnot. Allein das hätte für einen solchen Beinamen schon gereicht.

DIETRICH DER BEDRÄNGTE (1162–1221)

JUTTA VON THÜRINGEN

HEINRICH DER ERLAUCHTE (UM 1215–1288)

ALBRECHT DER ENTARTETE (1240–1314)

Zweifellos war Friedrich *der Gebissene*, auch Friedrich *der Freidige* genannt, der interessanteste Wettiner des späten Mittelalters auf der Wartburg. 1257 wurde er hier geboren, am 16. November 1323 starb er am selben Ort. Durch die Förderung von Silber im Erzgebirge war er reich geworden und beschloss, seinen Lebensabend auf der Wartburg zu verbringen.

Bei einem schweren Gewitter mit verheerenden Blitzeinschlägen war es 1317 zum Brand von Gebäuden auf der Burg gekommen. Der Palas wurde beschädigt und das mit Bleiplatten gedeckte Dach schmolz durch die große Hitze. Die Burgkapelle wurde völlig zerstört. Friedrich nahm einen Teil seines Geldes und ließ die Burg wieder aufbauen. Die Kapelle verlegte er in den Palas.

FRIEDRICH DER FREIDIGE
(1257–1323)

Friedrich der Freidige nannte sich selbst *Friedrich III., König von Jerusalem und Sizilien, Herzog von Schwaben, Landgraf zu Thüringen und Pfalzgraf zu Sachsen.*
Sein Großvater war Kaiser Friedrich II. gewesen, doch ihm blieb der Thron versagt, weil nach damaligem Erbrecht nicht sein Vater, sondern „nur" seine Mutter eine Tochter aus dem mächtigen Geschlecht der staufischen Kaiser war.

Als letzter Thüringer Landgraf starb Balthasar von Wettin am 18. Mai 1406 auf der Wartburg. Die Ehe seines Sohnes blieb auch kinderlos. Nach dessen Tod stritten deshalb die Neffen um das Erbe. Eine Generation später sollte es 1485 zur „Leipziger Teilung" kommen, die Thüringen und Sachsen endgültig trennte. Dabei einigten sich die Söhne Friedrichs des Sanftmütigen - Ernst und Albrecht - den Besitz der Wettiner unter sich aufzuteilen. Albrecht erhielt die Fläche des heutigen Sachsens, Ernst bekam Thüringen und behielt angrenzende Gebiete, die heute in Sachsen-Anhalt liegen. Nach dem Vornamen Ernst nannte man Thüringen jetzt das ernestinische und das Land seines Bruders Albrecht das albertinische Sachsen. Das sollte für die folgenden 433 Jahre so bleiben.

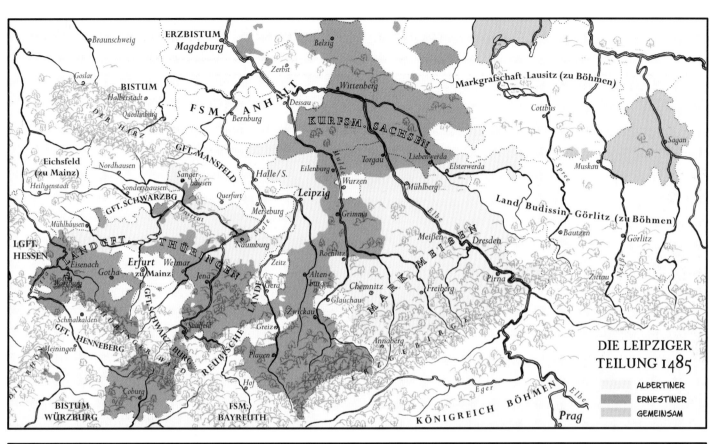

DIE LEIPZIGER
TEILUNG 1485

ALBERTINER
ERNESTINER
GEMEINSAM

Ernst und Albrecht waren als Kinder einmal entführt worden. *Altenburger Prinzenraub* nennt man dieses Ereignis und feiert es heute in jedem Jahr mit einem großen Festspiel. Dem Ritter Konrad, genannt Kunz von Kauffungen, ehemaliger Kommandant des Schlosses in Altenburg, war durch Krieg und Verwüstung fast aller Besitz verloren gegangen. Die Schuld dafür gab er dem Vater der beiden Brüder, Kurfürst Friedrich, den er mit der Forderung von Lösegeld erpressen wollte. Doch die Entführung misslang, Kunz wurde gefangen genommen und eine Woche später auf dem Markt in Freiberg öffentlich hingerichtet.

Als Herzog von Sachsen-Wittenberg war Ernst einer der Sieben Kurfürsten. Diese legten seit 1257 fest, wer den deutschen Königsthron besteigen durfte. Kur meint *küren* und bedeutet wählen.

Mit der Kur war immer ein hohes Amt verbunden. Die Herzöge von Sachsen waren die Erzmarschälle und gehörten dadurch zu den mächtigsten Männern im deutschen Reich.

DAS ENDE DES MITTELALTERS

Um 1480 ließ Herzog Wilhelm III. von Sachsen, *der Tapfere*, die Wartburg durch ein Bollwerk, einen kleinen Verteidigungsbau vor der Burg, und überdachte Wehrgänge auf den Mauern noch besser befestigen. Feuerwaffen hatten Pfeil, Bogen und Armbrüste längst abgelöst. Jederzeit musste mit Angriffen gerechnet werden, weil Wilhelm beispielsweise gerade die Stadt Erfurt besetzt hielt und mit Gegenwehr zu rechnen hatte.
Auch die zunehmende Unzufriedenheit der einfachen Bevölkerung und organisierte Aufstände der Bauern verbreiteten unter den Fürsten Angst.

DIE WAPPEN DER SIEBEN KURFÜRSTENTÜMER

| DER ERZBISCHOF VON KÖLN | DER ERZBISCHOF VON MAINZ | DER ERZBISCHOF VON TRIER | DER PFALZGRAF BEI RHEIN | DER HERZOG VON SACHSEN | DER MARKGRAF VON BRANDENBURG | DER KÖNIG VON BÖHMEN |

HOFBURG

VORBURG

SCHANZE

BOLLWERK

WIRTSCHAFTSHOF

ANBRUCH EINER NEUEN ZEIT

Die Städte und manche ihrer Bürger waren immer mächtiger geworden. Nicht der Besitz von Land bestimmte mehr Reichtum und Ansehen, sondern der gefüllte Geldbeutel. Der Fernhandel blühte, unbekannte Länder und Kontinente wurden auf Land- und Seewegen entdeckt, Waren aus Asien und Afrika importiert. Bis zur Entdeckung Amerikas sollten nur noch wenige Jahre vergehen.

Doch der größte Teil der Bevölkerung blieb arm und wurde immer noch ärmer. Mit dem Handel gelangte auch *das Große Sterben*, die Pest, nach Europa. 1349 kam es in Deutschland zum ersten bekannten Ausbruch. Die Hauptschuld gab man den Juden, weil sie überwiegend Handel ausübten und ermordete oder vertrieb sie, wie in Eisenach, aus den Siedlungen. Noch vier Mal sollte die Pest in der Wartburgstadt allein im 15. Jahrhundert wüten: 1406, 1408, 1439 und 1463. Beinahe die Hälfte der Einwohner starb.

Gleichzeitig kam es zu massiven technischen Erneuerungen. Die wichtigste war die Erfindung des Buchdrucks mit beweglichen einzelnen Buchstaben.

BLATT AUS EINER GUTENBERG-BIBEL (UM 1454)

Johannes Gutenberg hatte in Mainz eine Werkstatt aufgebaut und das Drucken nach 1450 so weit entwickelt, dass er in kurzer Zeit eine hohe Anzahl von Bibeln und anderen Schriften herstellen konnte. So gilt Gutenberg als der bedeutendste deutsche Erfinder an der Schwelle zur Neuzeit.

Ohne den Buchdruck wären die nun folgenden Ereignisse des 16. Jahrhunderts nicht denkbar.

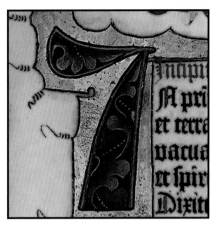

AUFRUHR UND ERHEBUNG
DIE HOFFNUNG HEISST MARTIN LUTHER

Die Kirche versuchte immer wieder, gesellschaftliche Veränderungen und theologische Reformen zu verhindern. Bischöfe und Priester predigten, dass die Pest eine Strafe Gottes sei. Nur geduldig ertragene Armut und der Kauf von Gnadenzetteln, sogenannten Ablassbriefen, könne die Tore zum Himmelreich öffnen und ewiges Leben versprechen. Gleichzeitig beobachteten die Armen, dass sich ein Teil der Geistlichen und die reichen Fürsten und Bürger überhaupt nicht daran hielten.

Die Menschen begannen über ihre Wirklichkeit, über ihre Vergangenheit und vor allem über ihre Zukunft nachzudenken und entwickelten ganz andere Ideen zur Begründung ihrer Welt. Man hatte jahrhundertealte antike Schriften wiederentdeckt, die sich mit dem Sinn des Lebens auseinandersetzten. Reisende aus fernen Ländern verbreiteten medizinisches, geografisches und astronomisches Wissen.
Der Humanismus entwickelte sich zu einer Bewegung, die den einzelnen Menschen und sein Handeln gegenüber Anderen in den Mittelpunkt stellte und zum Maß aller Dinge erhob. Eine wichtige Rolle sollte dabei der Bildung zukommen.

PORTAL DER ERFURTER UNIVERSITÄT

Als eine der ersten Hochschulen auf dem Gebiet der heutigen Bundesrepublik war 1392 die Universität Erfurt gegründet worden. Sie entwickelte sich einhundert Jahre danach zu einem Zentrum des Humanismus in Deutschland. 1501 sollte dort ein 17jähriger sein Studium aufnehmen, Martin Luther aus Eisleben.

Am 10. November 1483 - genau konnte sich seine Mutter später nicht erinnern, es könnte auch erst 1484 gewesen sein - war Martin Luther in Eisleben geboren worden. Schon am nächsten Tag wurde er getauft. Seinen Vornamen erhielt er nach dem Heiligenkalender - der 11. November ist der Tag des heiligen Martin von Tours. Die Familie nannte sich damals noch *Luder*, wohl nach *Lüder*, einem Fluss und einem Adelsgeschlecht aus der Umgebung von Fulda, wo die Vorfahren ursprünglich zu Hause waren, bevor sie nach Möhra bei Eisenach und später in das Mansfelder Land umzogen.

Vater Hans war im Kupferbergbau tätig, Mutter Margarete stammte aus einer wohlhabenden Familie in der Wartburgstadt. Martin war vermutlich ihr erstes von acht oder neun Kindern. Im Alter von fünf Jahren ging er in die Grundschule in Mansfeld, wo er lesen, schreiben und rechnen lernte. Später besuchte Martin die Domschule in Magdeburg, zum Schluss paukte er vor allem drei Jahre lang Latein in der Georgenschule in Eisenach. Das war für ihn eine ebenso lange Schulzeit wie für uns heute bis zum Abitur. Eine Schulpflicht gab es damals jedoch noch nicht und nur wenige Kinder erhielten eine so umfangreiche Ausbildung. Doch Martins Eltern wollten, dass ihr Sohn Jurist wird. In Eisenach lebten Verwandte, bei denen der junge Mann unterkam.

Häufig ging er zu den Franziskanermönchen, die in ihm die Liebe zur Musik geweckt haben. Um sein schmales Taschengeld aufzubessern, sang er in der „Kurrende", einem Schülerchor, der von Haus zu Haus zog und um Geld bat.

DIE ELTERN MARTIN LUTHERS

BLITZE BEI STOTTERNHEIM

Wie die Eltern wünschten, begann Martin
im Sommer 1501 ein Studium an der Erfurter
Universität. Er zog in ein Wohnheim, eine
Burse, wo es strenge Regeln gab. Zuerst wurde
er in den *Sieben freien Künsten* unterwiesen.
Die Entfernung zwischen seinem Elternhaus
und der Universität beträgt 90 Kilometer.
Zu Fuß brauchte er dafür mehr als zwei Tage.
Nicht weit von Erfurt liegt der kleine Ort
Stotternheim, wo Martin am 2. Juli 1505 in
ein heftiges Gewitter geriet. Blitze schlugen
direkt neben ihm ein. Er bekam solche Angst, dass
er die heilige Anna beschwor, ihm sein Leben zu
lassen. Anna war die Beschützerin der Bergleute,
die er aus den täglichen Gebeten zu Hause gut
kannte. Sollte Martin das Gewitter überstehen,
versprach er, wollte er ein Mönch werden und
fortan in tiefem Glauben im Kloster leben.
Zwei Wochen später klopfte es tatsächlich
an der Pforte des Erfurter Augustiner-
Eremiten-Klosters.
Der 22jährige Martin Luder begehrte Einlass.
Schnell erwies er sich als frommer, emsig
Lernender, der sich auf ein Leben in Armut,
Ehelosigkeit und Gehorsam vorbereitete.
1507 wurde der Mönch Martin zum Priester
geweiht. Im Kloster soll er zum ersten Mal eine
komplette Bibel in den Händen gehalten haben.
Immer wieder beschäftigte ihn die Frage, wie er
durch sein Tun Gott gnädig stimmen und wie er
dessen Liebe, nicht seine Strafe erreichen könne.

1508 wurde Martin nach Wittenberg versetzt und
begann erneut zu studieren. Schon bald hielt er selbst
Vorlesungen über die Bibel und bekam 1512 den Titel
Doktor der Theologie verliehen.

LUTHERS TURMERLEBNIS

In einem alten Wittenberger Stadtturm, an den das Kloster angebaut war, hatte Martin, der sich jetzt Luther nannte, seine Studierstube eingerichtet. Die Namensänderung geht auf das griechische Wort „Eleutherios", *der Befreier*, zurück. Dass er sich da schon mit Göttervater Zeus verglich, der diesen Beinamen als Retter der Welt führte, ist eher unwahrscheinlich. Denn wirklich frei im Glauben hat sich Luther zu dieser Zeit noch nicht gefühlt. Immer wieder quälte ihn die Frage, wie er einen gerechten, guten Gott bekommen könne. Eines Tages entdeckte er in der Bibel eine Stelle, in der von der Gerechtigkeit Gottes allein durch die Gnade zu lesen war. Plötzlich hatte Luther verstanden: nicht nur gute Werke, Barmherzigkeit und Nächstenliebe gegenüber Anderen führen zum Heil, sondern zuerst der Glaube, den Gott den Menschen gegeben hat. Nur er bringt die Erlösung von der Erbsünde, die jedem seit seiner Geburt anhaftet.

Zu dieser Zeit verkauften fahrende Händler im kirchlichen Auftrag auf den Märkten göttliche Gnade, sogenannten Ablass gegen Geld, um die Kassen in Rom zu füllen und eine neue Kirche zu bauen. Mit diesen Ablassbriefen oder -zetteln sollte man sich von Zeitstrafen im Fegefeuer loskaufen können, über die das Jüngste Gericht entschied. Die Menschen nahmen an, dass sie alle Sünden ihres ganzen Lebens, von denen sie womöglich selbst schon nichts mehr wussten, zuerst qualvoll bereuen müssten, bevor sie in den Himmel kämen. Diese Strafen sahen schreckliche und brutale Folterungen vor, die wir uns heute kaum vorstellen können.

DER BEGINN DER REFORMATION

Am letzten Oktobertag des Jahres 1517 soll der Mönch Martin Luther 95 für ihn wichtige Gedanken - Thesen -, die er auf ein plakatgroßes Blatt geschrieben hatte, an einer Tür der Schlosskirche in Wittenberg angeschlagen haben. Darauf war zu lesen, dass er der Wahrheit zuliebe eine offene Diskussion um den von ihm bekämpften Ablasshandel führen wolle. Nach Luthers Auffassung sei der Ablass kein Ersatz für gute Taten und Barmherzigkeit gegenüber den Mitmenschen. Mit Geld könne man sich von göttlicher Strafe nicht freikaufen, wie diese Händler im Namen des Papstes behaupteten.

Die enorme Wirkung seiner Thesen hatte Luther nicht vorhersehen können. Sie verbreiteten sich wie ein Lauffeuer und gelangten in kürzester Zeit auch nach Rom. Der Papst nannte Luther einen Ketzer und klagte ihn an. Es kam zum Prozess, der Mönch wurde mehrfach verhört, nahm jedoch nichts zurück und verfasste weitere folgenreiche Aufsätze. 1520 drohte ihm der Papst mit dem Kirchenbann und gab ihm zwei Monate Zeit, alle seine Behauptungen zurückzunehmen. Dafür war es längst zu spät, die Schar von Luthers Anhängern hatte immer rascher zugenommen und war weit über das Kurfürstentum Sachsen hinaus angewachsen.

Anfang des folgenden Jahres wurde Luther *gebannt* und aus der Kirchengemeinschaft ausgeschlossen. Er selbst hatte bis zum Schluss geglaubt, den Papst zu Veränderungen und Reformen bewegen zu können und ihm seine berühmte Schrift *Von der Freiheit eines Christenmenschen* gewidmet. Auf den Kirchenbann sollte wenig später auch die kaiserliche Reichsacht folgen.

LUTHERS ENTFÜHRUNG

FRIEDRICH DER WEISE (1463–1525)

1521 hielt der junge Kaiser Karl V. einen Reichstag in Worms ab. Auch Luther wurde im April dorthin zum Verhör befohlen. Die für ihn zu erwartende Reichsacht sollte einem Todesurteil gleichkommen, falls Luther nicht bereit war, seine Behauptungen und Schriften reumütig zu widerrufen. Er blieb jedoch standhaft, alle seine Äußerungen entsprachen dem Wort Gottes, das er allein aus der Bibel begründete. Luther schloss seine Verteidigung mit *Gott helfe mir. Amen.* Der Kaiser verhängte die Reichsacht dennoch und mit einer Schonfrist von drei Wochen. Luthers Schriften wurden verboten und sollten verbrannt werden. Er begab sich auf die Rückreise nach Wittenberg, noch war er frei, doch seine Zukunft schien ihm ungewiss. Was er vielleicht nicht ahnte, sein eigener Landesherr, Kurfürst Friedrich III., *der Weise*, hatte seinen Schutz längst befohlen und brachte ihm heimlich viel Zuneigung entgegen. Friedrich ist es zu verdanken, dass Luther nicht gleich in Worms in Haft genommen wurde. Er hatte mit dem Kaiser hinter verschlossenen Türen in der „Luthersache" verhandelt und erreicht, dass jenem sowohl auf der Hin- als auch auf der Rückreise Geleitschutz durch den Reichsherold Kaspar Sturm, genannt *Teutschland*, gewährt worden war. Im hessischen Friedberg verließ der Herold den Zug, jetzt waren Luther und seine beiden Begleiter, gute Freunde, allein. Über Eisenach ging es nach Möhra, wo Verwandte wohnten. Am 4. Mai wollten sie nach Waltershausen weiterreisen.

Im Auftrag des Kurfürsten überfiel der Ritter Burkhard Hund von Wenckheim den Wagen nahe seiner Burg Altenstein und nahm nur Luther gefangen. Die beiden Kameraden ließ man fliehen. Über Umwege, um mögliche Verfolger abzuschütteln, erreichten sie in der Dämmerung das Burgtor der Wartburg.

Die Besatzung der Wartburg um Burgkommandant Hans von Berlepsch wusste Bescheid. Zwei Zimmer in der Vogtei waren hergerichtet, sodass Luther nach all den Aufregungen des Tages gleich schlafen gehen konnte. Nur Wenige kannten seinen Aufenthaltsort. Luther fühlte sich schwach. Wenngleich er mit keinem anderen Ausgang des Verhörs auf dem Reichstag rechnen konnte, fürchtete er, dass sein verzweifelter Appell, die Kirche zu erneuern, nun ins Leere laufen würde. Damit er als Mönch nicht auffiel, ließ er seine Tonsur zuwachsen und sich einen Bart stehen.

Er nannte sich jetzt *Junker Jörg*. Ein Junker war ein Edelknecht, der noch nicht zum Ritter geschlagen worden war. Jörg ist eine Kurzform des Namens Georg. Damit spielte Luther auf den Eisenacher Schutzheiligen an, auf den heiligen Georg, der oft mit einem furchterregenden Drachen dargestellt wird, den er getötet und die befreiten Menschen daraufhin Christen geworden sein sollen.

LUTHER ALS JUNKER JÖRG

Luther musste zehn Monate auf der Wartburg bleiben. Während seines Aufenthaltes verschickte er Briefe mit wechselnden, falschen Absendern, damit niemand darauf kam, wo er sich verbarg. Die Burg befand sich noch in ganz gutem Bauzustand, obwohl der Kurfürst hier kaum noch Hof hielt und nur eine kleine Wachmannschaft vorhanden war.

Die Burgvogtei ist ein Fachwerkhaus in der Vorburg mit Räumen im Obergeschoss, in denen manchmal Gefangene festgehalten wurden. Zu dieser Zeit waren die Zellen aber leer.

Luther konnte sich hier frei bewegen und hielt über Boten Kontakt zu seinen Wittenberger Kollegen. Bald verfügte er über eine kleine Bibliothek und begann, von den Freunden aufgefordert, sein Lebenswerk zu verfassen - die völlig neue Übersetzung der Bibel aus alten hebräischen, griechischen und lateinischen Texten in eine zeitgemäße deutsche Sprache. Mit dem Neuen Testament hat er auf der Wartburg begonnen. Es besteht aus 27 Büchern und war in Rekordzeit, in nur zehn Wochen, aus dem Griechischen ins Obersächsische übersetzt. Damit schuf Luther die Grundlage für unsere heutige gemeinsame deutsche Sprache. Mit der Übersetzung im Gepäck verließ er am 1.März 1522 die Burg, zu der er niemals wieder zurückkehren sollte. Ein paar Tage später erreichte er seinen Heimatort Wittenberg. Die Reformation war nun nicht mehr aufzuhalten. Mönche und Nonnen flohen aus den Klöstern. Der Mönch Martin Luther heiratete die entlaufene Nonne Katharina von Bora. Aus der Ehe gingen sechs Kinder hervor. Luther starb 1546 in Eisleben.

BIBEL MIT HANDSCHRIFTLICHEN KORREKTUREN LUTHERS
KUNSTSAMMLUNGEN DER WARTBURG

DIE LEGENDE VOM TINTENFLECK

Hartnäckig hält sich das Gerücht, Luther sei während seines Aufenthalts auf der Wartburg einmal der Teufel erschienen, um ihn bei seiner Bibel-übersetzung zu stören. Wutentbrannt soll er sein Tintenfass genommen und nach dem Eindringling geschleudert haben. Der Teufel duckte sich und verschwand, die Tinte lief an der Wand neben der Feuerstelle herunter. Die Begegnung mit dem Teufel war sinnbildlich gemeint: Luther habe ihn mit der Schrift, mit seiner Übersetzung des Neuen Testaments vertrieben.

Tatsächlich hat man 200 Jahre lang immer wieder einen solchen Fleck in der Lutherstube sehen können. Schon bald nach Luthers Wartburgtagen kamen Besucher zur Burg, um den Raum zu sehen, in dem er sich für 300 Tage versteckte. Da die angebliche Begegnung mit dem Teufel überall herum-erzählt wurde - niemand weiß, wer sie erfunden hatte - waren sie enttäuscht, den Fleck hier nicht vorzufinden. Irgendwann reichte es der Burgbe-satzung. Man nahm ein Tintenfass und warf es an die Wand. Die Besucher waren zufrieden. Manchmal kratzten sie heimlich ein Stückchen vom Putz ab, um es als Andenken mit nach Hause zu nehmen. War der Fleck schließlich verschwunden, wurde er wieder erneuert. Heute sucht man ihn in der Lutherstube vergeblich.

Die Reformation war keine einheitliche Bewegung. Immer schon gab es Menschen, die sich nach Veränderungen in Gesellschaft und Kirche sehnten. 100 Jahre vor Luther hatte beispielsweise Jan Hus auf ähnliche Reformen gedrängt und war dafür 1415 auf dem Scheiterhaufen verbrannt worden. Radikale Geistliche riefen zum Umsturz auf. Der Priester Thomas Müntzer war geistiger Führer des Bauernkrieges, der 1525 blutig bei Frankenhausen endete. Französische und Schweizer Reformatoren vertraten andere Ansichten zum Heiligen Abendmahl. Die Täufer lehnten die Taufe von Neugeborenen ab, die doch für Luther zu den allerwichtigsten Dingen zählte. Der Mensch sollte sich erst als Erwachsener für seinen Glauben entscheiden können.

Alle diese verschiedenen Strömungen der Reformation zählt man heute zu den Protestanten.

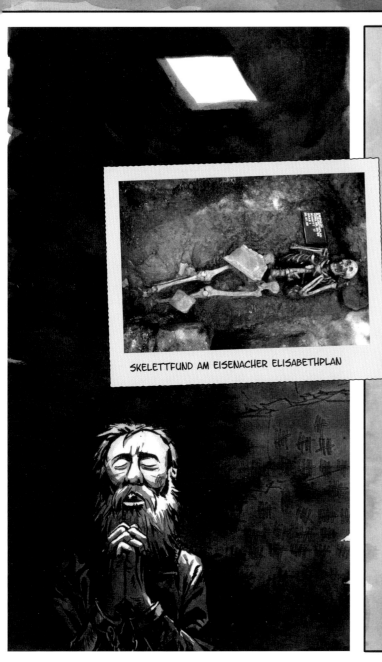

SKELETTFUND AM EISENACHER ELISABETHPLAN

Die Täufer wurden verfolgt, weil sie keinerlei Herrschaft anerkannten. Sie wollten kein öffentliches Amt ausüben, nicht Richter und schon gar nicht Soldaten sein. Der Reichstag in Speyer 1529 rief zu ihrer Verfolgung und Tötung auf. Doch nicht überall wurden sie hingerichtet. Manche hielt man lebenslang gefangen.

So erging es auch dem Bauern Fritz Erbe aus Herda bei Eisenach. Zuerst war er in einem Stadtturm eingekerkert, wo sich abends Freunde versammelten und ihm Mut zusprachen. 1540 wurde er deshalb auf die Wartburg gebracht, wo er im zehn Meter tiefen Verlies des Südturms völlig isoliert eingesperrt werden sollte. Zahlreiche Überzeugungsversuche halfen nichts. Erbe blieb standhaft und starb 1548 in seinem Gefängnis. Danach wurde er an der Stelle des ehemaligen Hospitals der heiligen Elisabeth verscharrt. Erst 2006 hat man seine sterblichen Überreste gefunden.

Nicht alle Auswirkungen der Reformation haben den Menschen zu mehr Freiheit und Glück verholfen. Die Landesfürsten durften seit 1555, seit dem Augsburger Religionsfrieden, selbst und allein bestimmen, welchem Glauben ihre Bevölkerung anzugehören hatte, weiterhin römisch-katholisch oder evangelisch-lutherisch zu sein. Die Untertanen mit einer anderen Frömmigkeit wurden häufig zur Auswanderung aufgefordert. Im Namen des Glaubens wurden auch immer wieder Kriege geführt. Besonders schlimm war der Dreißigjährige Krieg von 1618 bis 1648, der beinahe ganz Europa erfasste. Ein Viertel der Bevölkerung starb durch unmittelbare Kriegshandlungen, Hungersnöte und Seuchen.

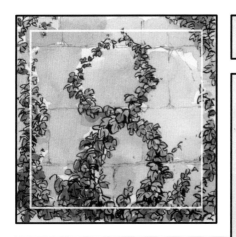

VERFALL UND WIEDERENTDECKUNG

So kam auch die Wartburg in den folgenden Jahrzehnten ganz langsam zur Ruine herunter. Der Turm in der Mitte der Burganlage verschwand ebenso wie andere Gebäude und ein Teil der Mauern stürzte ein.
In Vergessenheit geriet die Wartburg jedoch nie. Man erinnerte sich an die stolzen Landgrafen, an die Barmherzigkeit der heiligen Elisabeth und besonders an Martin Luthers nicht ganz freiwilligen Aufenthalt. Viele kamen, spazierten über die Höfe, besichtigten Luthers Stube und kehrten in den Gaststuben ein.

1741 waren die Fürsten von Sachsen-Eisenach ausgestorben. Der hiesige Landesteil kam zu Sachsen-Weimar. Die Stadt an der Ilm sollte bald ihre kulturelle Blüte, das „Goldene Zeitalter" Weimars erleben. Herzog Carl August versammelte Dichter und Gelehrte um sich und verschaffte ihnen Anstellungen am Hof oder an der Jenaer Universität. Zu den bedeutendsten gehörten Johann Wolfgang Goethe und Friedrich Schiller.

Immer wieder unternahm die Weimarer Hofgesellschaft Ausflüge auf die Wartburg und ins benachbarte Wilhelmsthal mit seinem wunderbaren Jagdschloss.

Während des Dreißigjährigen Krieges hatte Herzog Johann Ernst von Sachsen-Eisenach einige Bau- und Befestigungsarbeiten an der Wartburg durchführen lassen.
Im Falle von unmittelbaren Kriegshandlungen im Eisenacher Raum wollte er sich auf der Burg verschanzen. Sein Stadtschloss am Markt, in dem er wesentlich bequemer lebte, bot nicht genügend Sicherheit und Schutz.
Vor allem das Bollwerk vor dem Burgtor wurde deshalb verstärkt.

Die Zeit der ständig bewohnten Höhenburgen war jedoch eigentlich vorbei. Festungen mit rein militärischer Besatzung traten an ihre Stelle.

Johann Wolfgang Goethe war Ende 1775 nach Weimar gekommen. Der Erfolg seines Buches *Die Leiden des jungen Werther* hatte ihn über Nacht berühmt gemacht. Der Herzog bot ihm eine Stelle in seiner Regierung an, Goethe hatte schließlich Jura studiert und schien ihm dafür geeignet.

Er wurde Geheimrat, Berater des Hofes, zuständig für Bergwerke, für das Militär, für Straßenbau und Finanzen.

Auch die alten Bauwerke in Sachsen-Weimar-Eisenach hatte er zu beaufsichtigen.

So besuchte Goethe mehrmals die im Verfall begriffene Wartburg.

Wenn Goethe auch nicht die Besonderheit der Architektur erkannte, schwärmte er von der Aussicht in den Thüringer Wald und rühmte ihre Geschichte. Er war der erste, der sich wieder ernsthaft um die Erhaltung der Wartburg bemühte. 1801 ließ Goethe die alten Waffen, Harnische und Schwerter aus dem Weimarer Zeughaus auf die Wartburg bringen. Hier wurden sie zuerst im Palas aufgestellt. Später sollten sie ein eigenes Gebäude bekommen, die Dirnitz.

Leider befindet sich die „Rüstkammer", wie man die Sammlung dieser Waffen auch nennt, heute im russischen St. Petersburg und nicht mehr auf der Wartburg. Davon wird später berichtet.

Die Verwirklichung seiner Idee, ein Museum des Herzogtums einzurichten und die Burg wieder aufzubauen, hat der Dichter Goethe allerdings nicht mehr erlebt. Er starb 1832.

HANDZEICHNUNG GOETHES VON DER WARTBURG

Im Oktober 1817 trafen sich, diskutierten und feierten 500 Studenten auf der Wartburg. Sie kamen aus ganz verschiedenen deutschen Universitäten. Anlass war der 300. Jahrestag des Beginns der Reformation, aber auch der 4. Jahrestag der Völkerschlacht bei Leipzig 1813. Das war der Höhepunkt der Befreiungskriege gegen die französischen Truppen Kaiser Napoleons I. gewesen, die zwei Jahre später zu Ende gingen und in denen viele der anwesenden Studenten kämpfen mussten. Während Frankreich, obwohl es unterlegen war, und andere europäische Länder längst große, mächtige Staaten bildeten, blieb Deutschland noch immer völlig zersplittert. Allein fünf Königreiche gab es hier nebeneinander: Preußen, Hannover, Bayern, Württemberg und Sachsen. Hinzu kamen jede Menge Herzogtümer, rund 40 Staaten insgesamt.

Da doch aber alle miteinander Napoleon besiegt hatten, seit Luthers Bibelübersetzung dasselbe Deutsch sprachen und eine gemeinsame Geschichte besaßen, waren die jungen Leute, die sich auf der Wartburg trafen, mit dieser Kleinstaaterei unzufrieden. Sie forderten zum ersten Mal öffentlich ein großes Deutschland ohne Grenzen, ein Reich, aus dem später eine Republik werden sollte. So wie sie im Krieg vereint waren, wollten sie auch im Frieden leben. Die Studenten hatten sich an ihren Hochschulen in Burschenschaften organisiert. Ihr Wahlspruch lautete *Ehre, Freiheit, Vaterland*. Das wichtigste, wonach sie sich sehnten, waren ihre persönliche Würde, Selbstbestimmung für alle Menschen und ein geeintes deutsches Vaterland. Ihre Fahne bestand aus den Farben Schwarz-Rot-Gold. Daraus wurde später unsere Staatsflagge. Bis zu einem vereinten Deutschland sollten noch einige Jahrzehnte vergehen müssen. Doch die „Wiege" unserer Republik stand 1817 auf der Wartburg.

DAS NATIONALDENKMAL WARTBURG

Die Entwicklung Deutschlands zu einem geeinten Staat war nach dem Wartburgfest nicht mehr aufzuhalten. Aber erst im Januar 1871, nach einer gescheiterten Revolution und einem weiteren Krieg mit Frankreich war es so weit.
Preußen stellte den Kaiser - König Wilhelm I. Das Deutsche Reich wurde im besiegten Paris ausgerufen.
Einer der Teilnehmer war Großherzog Carl Alexander von Sachsen-Weimar-Eisenach. Bereits 1838 war er, bestärkt durch seine Mutter Maria Pawlowna, auf den Gedanken gekommen, die Burg seiner Vorfahren wieder aufzubauen. Die Wartburg war inzwischen zum nationalen Symbol geworden, weil sich in ihr die ganze deutsche Geschichte abbildete: der Sängerkrieg, die heilige Elisabeth, Martin Luther und das Wartburgfest. Voller Sehnsucht wünschten sich die Romantiker die Zeit des Mittelalters mit seinem Heiligen Römischen Reich zurück und begannen, die alten Bauwerke, die meist nur noch Ruinen waren, wieder zu schätzen.
So wurde auch die Wartburg von neuem entdeckt und ihr weiterer Verfall aufgehalten.

Im Lauf der Zeit war schon die Hälfte der alten Mauern eingestürzt und danach abgebrochen worden. Carl Alexander wünschte, dass das, was noch stand, unbedingt erhalten bleiben und durch Neubauten in einer ähnlichen Bauweise ergänzt werden sollte. Er brauchte zehn Jahre, bis er den richtigen Baumeister gefunden hatte: Hugo von Ritgen aus Gießen. Auf der Wartburg werden Hunderte von meisterhaft gezeichneten Entwürfen des Architekten aufbewahrt. Ritgen erkannte den Palas als wichtigstes Gebäude einer mittelalterlichen Burg. Die neuen Bauten sollten sich daran anpassen und nicht prachtvoller erscheinen als jener selbst. Besonders viel Wert wurde auf die Ausstattung der Innenräume gelegt. Carl Alexander beschäftigte die bedeutendsten Künstler der Zeit. Sein Wunsch war es, der Welt eine erneuerte Wartburg zu präsentieren, in der die

Geschichte ganz Deutschlands zu spüren sein sollte. Die Bauarbeiten begannen am Palas und in seinen Innenräumen. Er war schon lange nicht mehr bewohnt. Die schönen Säulen mit den kunstvoll gearbeiteten Tier- und Pflanzenmotiven hatte man irgendwann vermauert, kleine Fenster ersetzten die großzügigen Lichtdurchlässe zum Hof. Zwischenwände waren im Festsaal eingezogen und der einstige Prachtbau glich einer Rumpelkammer. Außen wurde nun eine steinerne Treppe zum ersten Obergeschoss angebaut, im Inneren gaben sich damals sehr bekannte Künstler die Klinke in die Hand. Der bedeutendste unter ihnen war der Maler Moritz von Schwind. Er hat 1854 und im Jahr darauf drei Räume mit Wandmalereien versehen. Im Landgrafenzimmer berichten seitdem sieben Sagen vom einstigen Ruhm der Thüringer Landgrafen.

Bei der Wiederherstellung des großen Festsaals im obersten Geschoss des Palas stellte Ritgen - hier rechts - drei Varianten für Decke und Dach vor. Nachdem der Großherzog den berühmten, damals in Weimar lebenden Komponisten Franz Liszt hinzugezogen hatte, einigte man sich schließlich wegen der deutlich besseren Akustik auf einen hohen Saal mit sichtbaren Dachschrägen.

DER WARTBURG

Die Gründungssage der Wartburg und die Geschichte vom Schmied von Ruhla wurden schon erzählt. Diese Sagen gesammelt und aufgeschrieben hatte der Märchendichter Ludwig Bechstein, der nicht weit von hier in Meiningen lebte. Im Saal nebenan schuf Schwind sein großes Bild vom Sängerkrieg auf der Wartburg (> S.21). Manchen der darauf dargestellten Personen gab er die Gesichter seiner Zeitgenossen, wie die der Komponisten Franz Liszt und Richard Wagner. Aber auch Martin Luther, Goethe und Schiller, Großherzog Carl Alexander und Schwind selbst sind auf dem Wandbild zu sehen. Schließlich folgte der Gang zur Kapelle, den der Maler mit sechs Szenen aus dem Leben der heiligen Elisabeth versah. Neben dem Palas wurde die Neue Kemenate und an der Stelle des alten, nicht mehr vorhandenen Turms ein neuer Bergfried gebaut. Er misst 30 Meter, ist schlanker und sicher höher als sein mittelalterlicher Vorgänger. Bis zur Plattform sind es 188 Stufen. Dann folgten weitere Gebäude, die Torhalle als Durchfahrt, die Dirnitz für die Rüstkammer und als Gästehaus das Gadem. Schon 1867 wurde die Wiederherstellung gefeiert. Franz Liszt dirigierte dabei sein Oratorium *Die Legende von der heiligen Elisabeth*. Ganz zum Schluss entstand das Ritterbad, das im Süden an den Palas angebaut wurde. Irgendwo musste auch im Mittelalter eine Badestube gewesen sein, die man jedoch nicht mehr gefunden hatte. So entschied sich der Architekt für die Stelle, wo es auf der Wartburg am sonnigsten ist, gleich neben dem Obst- und Kräutergarten im hintersten Teil des Hofes. 1890 war alles fertig. Hugo von Ritgen, der die Bauarbeiten mehr als 40 Jahre lang geleitet hatte, war bereits im Jahr zuvor gestorben.

DER FESTSAAL UNTER DEM DACH DES PALAS

Da die Fotografie noch in den Kinderschuhen steckte, sind die zahlreichen Zeichnungen des damaligen Burghauptmanns Bernhard von Arnswald (Seite gegenüber 2.v.l.) die besten Zeugnisse aus dieser Zeit.

Hier hat er den Maler Moritz von Schwind bei der Arbeit in der Elisabethgalerie festgehalten.

DER ALTE ANDREAS, DIE ESEL UND DAS WASSER

Den auf der Wartburg tätigen Künstlern ist häufig der schrullige Andreas Laufer begegnet. Manche haben ihn im „Vorbeigehen" in flüchtigen Zeichnungen festgehalten. Andreas war nie in eine Schule gegangen und niemals besonders reinlich gewesen. 60 Jahre lang kehrte er den Hof, kümmerte sich um das Brennholz und um die Esel im Stall. Mit ihrer Hilfe holte er das Wasser von den Teichen unten im Tal und sicher so manche Lebensmittel aus den Eisenacher Geschäften. Einen eigenen Brunnen hat es auf der Wartburg nie gegeben, nur eine Zisterne, die das Regenwasser sammelte.
Im Sommer schlief Andreas in einem kleinen Erkerzimmerchen direkt am Wehrgang, der zur Burgvogtei führt. Sein Eseltreiberstübchen kann man heute besichtigen. Im Winter, wenn es kalt war, zog es ihn zur Wache im Torhaus, wo immer ein Feuer brannte. Nur ungern ließen ihn die Wachleute zu sich, weil er stark nach Schweiß, Schnaps und Pfeifentabak roch.

Als Andreas starb, ging die Zeit der Eseltreiber zu Ende. Bald schon sollte fließendes Wasser auf der Wartburg Einzug halten. 1887 war eine 28 Kilometer lange Leitung von drei Quellen im Thüringer Wald zum Bergfried verlegt worden. Im obersten Stockwerk gibt es einen großen Metallbehälter, der das Wasser auffängt und die Burg bis heute versorgt. Elf Jahre später erhielt die Wartburg elektrischen Strom.

Die Grautiere gibt es seit 1900 wieder auf der Burg zum Vergnügen vor allem der Kinder. In den Sommermonaten und bei schönem Wetter tragen die Esel Besucher auf einem Stück des Weges zur Wartburg hinauf.

DAS ESELTREIBERSTÜBCHEN

Immer mehr Menschen zog es nicht nur an schönen Tagen zur Burg herauf. Der alte Gasthof war längst zu klein geworden und 1913 einem Hotelbau gewichen. Hier wurden die Eintrittskarten verkauft, Postkarten und Andenken angeboten. In diesem Jahr zählte die Burg schon mehr als 160.000 Besucher. Nach dem Ersten Weltkrieg mussten der deutsche Kaiser und die Fürsten zurücktreten. In Deutschland wurde 1919 eine Republik ausgerufen. Für die Wartburg war nun die neu gegründete Wartburg-Stiftung verantwortlich. Der bisherige Burghauptmann Hans Lucas von Cranach blieb im Amt. Der ehemalige Großherzog behielt nur die Möbel, Teppiche, Gemälde und andere Kunstwerke. Er durfte sie jedoch nicht von der Burg entfernen, so hatte es schon sein Großvater Carl Alexander, der die Wartburg vor dem Verfall rettete, in seinem Testament bestimmt.

Als der Autoverkehr weiter zunahm, brauchte man einen großen Parkplatz, der in den Felsen unterhalb der Westseite gesprengt wurde und 1930 fertiggestellt war. Fremdenführer begleiteten die Gäste durch die Räume der Wartburg und erzählten ihnen wahre und manchmal auch geflunkerte Geschichten, wie die vom Tintenfasswurf Martin Luthers gegen den Teufel.

Nach 1933, im braunen Hitlerdeutschland, blieb die Burg von Aufmärschen weitgehend verschont. Die mittlerweile verbotene Deutsche Burschenschaft wurde 1935 von den neuen Machthabern im Festsaal aufgelöst. Selbst während des Zweiten Weltkriegs waren die Räume für Besucher geöffnet. Kurze Zeit prangte ein großes Hakenkreuz am Bergfried, das nach vielen Protesten nur vier Tage später wieder entfernt wurde. Bei Angriffen der Amerikaner kam es zum Glück lediglich zu kleineren Schäden.

Einen großen Verlust hat die Wartburg durch die Beschlagnahmung der Rüstkammer, der alten Rüstungen und Waffen, erlitten. Sie wurde von der Roten Armee als Beutekunst in die damalige Sowjetunion gebracht. Ein Teil dieser Rüstungen ist heute im Militärmuseum St. Petersburg ausgestellt. Russland hat sie wie andere Sammlungen verschiedener deutscher Museen zum Eigentum des eigenen Landes erklärt. An eine baldige Rückgabe ist deshalb leider nicht zu denken.

Durch die Teilung Deutschlands nach dem Zweiten Weltkrieg wurde die Werra zum Grenzfluss zwischen Ost und West. Die Wartburg lag nun unmittelbar an der innerdeutschen Grenze auf östlicher Seite und gehörte zur sowjetischen Besatzungszone und zur 1949 gegründeten DDR.

Drei Jahre später traf sich eine Kommission des Kulturministeriums, darunter viele Denkmalpfleger, auf der Burg und diskutierte über ihr künftiges Schicksal. Die von Moskau aus gelenkten Funktionäre des jungen Arbeiter-und-Bauern-Staates verstanden sich nicht als Erben des gestürzten Kaiserreichs und seiner Fürsten. All das, was auf der Wartburg an Großherzog Carl Alexander und seine Zeit erinnerte, sollte wieder verschwinden.

GOTTESDIENST IM HOF DER WARTBURG ANLÄSSLICH DES 500: GEBURTSTAGES MARTIN LUTHERS, 1983

Doch nicht alles wurde zerstört. Im Lauf der Zeit erkannten Denkmalpfleger, Wissenschaftler und sogar manche engstirnige Politiker, dass doch die gesamte Entwicklung zu unserer Geschichte gehört und sie es verdient, für kommende Generationen bewahrt und gezeigt zu werden. Große Jubiläen, wie das 900jährige, sagenhafte Gründungsdatum der Wartburg 1967 und der 500. Geburtstag Martin Luthers 1983 wurden aufwändig vorbereitet und gefeiert. Dadurch war auch dafür gesorgt worden, dass sich die Burg fast immer in einem guten Zustand befand. Als Mauern und Grenzen 1989 zusammenbrachen, erlebte die Wartburg die erste Erstürmung in ihrer Geschichte. Allein 1990 zählte sie 761.000 Besucher. Seitdem hat sich hier wirklich viel getan.

WELTERBE WARTBURG

Im Dezember 1999 wurde die Wartburg als erste deutsche Burg in die Liste des Welterbes der Menschheit aufgenommen. Sie war damit das 897. Kultur- oder Naturdenkmal, das die *Organisation der Vereinten Nationen für Erziehung, Wissenschaft und Kultur*, kurz UNESCO, registriert hat. Somit gehört sie seitdem zu den wichtigsten Bauwerken der Welt. Wesentliche Gründe für die Aufnahme waren ihr einzigartiger Palas, Martin Luthers Aufenthalt und die beginnende Bibelübersetzung, ihre Wiederherstellung im 19. Jahrhundert sowie ihre wunderschöne Lage als Höhenburg über dem westlichen Thüringer Wald. Heute gibt es hier immer noch viel Neues zu entdecken. Eine Kunstsammlung mit großartigen Zeugnissen künstlerischer Meisterschaft befindet sich im Museum der Wartburg - Gemälde, Möbel und kunsthandwerkliche Gegenstände aus mehreren Jahrhunderten. Unterhalb laden der Bauplatz und die Stelle, wo sich Elisabeths Hospital befand, zum Verweilen ein. Im Festsaal und auf dem Burghof gibt es viele Veranstaltungen - von großen klassischen Konzerten bis zum Blues. An allen Tagen im Jahr ist die Wartburg geöffnet.

Wartburg-Lexikon

A

Abendmahl, Höhepunkt eines christlichen Gottesdienstes, bezieht sich auf das letzte Abendessen, zu dem Jesus seine Jünger eingeladen hatte. Wein und Brot (Hostie) stehen dabei für Blut und Leib Christi. Fragen der Teilhabe und die unterschiedliche Auslegung der Anwesenheit des Gottessohnes beim Abendmahl haben dazu geführt, dass die ⇒ Reformation keine einheitliche Bewegung werden konnte.

Ablass, Sündenablass, Begriff aus der christlichen ⇒ Theologie. Mit dem Erwerb von Ablassbriefen konnte man sich von der Schuld freikaufen und Gott gnädig stimmen. Schuldhafte Seelen Verstorbener mussten erst für eine bestimmte Zeit zur „Reinigung" ins ⇒ Fegefeuer, bevor sie in den Himmel aufgenommen werden konnten. Im Mittelalter glaubte man, dass die Aufenthaltsdauer im Fegefeuer durch den Ablasskauf verkürzt werden könne. Ein bekannter Spruch darüber lautet:

Sobald das Geld im Kasten klingt, die Seele in den Himmel springt. Luther hat den Ablass in seinen berühmten 95 ⇒ Thesen vom 31. Oktober 1517 bekämpft.

Adel, entwickelte sich im Lauf des Mittelalters aus den Führern der einzelnen Volksstämme und in königlichen Diensten stehenden Personen. Adelige („Freie") herrschten über die Nicht-Adeligen („Unfreie"). Adelstitel wurden vererbt. Man unterscheidet zwischen Hochadel und niederem Adel. Ranghöchster Adeliger war der ⇒ Kaiser oder der ⇒ König. Ihm folgten ⇒ Herzöge, ⇒ Fürsten und Fürstbischöfe, ⇒ Grafen. Der Ritterstand zählte zum niederen Adel.

In Deutschland wurden 1919 die Vorrechte des Adels abgeschafft.

Albrecht II. von Wettin, „der Entartete", 1240-1314/15, ⇒ Landgraf von Thüringen, ⇒ Markgraf von Meißen. Durch seine Heirat mit ⇒ Margaretha von Staufen war er Schwiegersohn Kaiser ⇒ Friedrichs II. geworden. Albrecht verstieß seine Frau jedoch nach sechs Jahren und heiratete 1274 ihre Hofdame ⇒ Kunigunde von Eisenberg. Die Söhne aus erster Ehe führten Krieg gegen ihn, weil er ihnen ihr Erbe nicht zustehen wollte.

Althochdeutsch, ältester Bestandteil der hochdeutschen Sprache mit frühesten schriftlichen Überlieferungen, zeitlich zwischen 750 und 1050, dann durch das Mittelhochdeutsche abgelöst. Sammelbezeichnung für mehrere westgermanische Sprachen. In Thüringen wurde altfränkisch gesprochen.

Anna, heilige Anna, eigentlich Hannah (hebräisch), Mutter Marias und Großmutter von Jesus Christus. Anna ist Schutzheilige der Mütter, der Witwen, der Armen und vieler Berufsgruppen. Martin Luther flehte sie an, weil sie als Beschützerin der Bergleute und Helferin bei Gewitter verehrt wurde.

Antike, das „Altertum", Zeit einer kulturellen und gesellschaftlichen Blüte von etwa 1.000 vor unserer

Zeitrechnung bis zum 7. Jahrhundert unserer Zeitrechnung vor allem in Griechenland, im ⇒ Nahen Osten und Italien (Rom). Wissenschaften und Technik waren hoch entwickelt. Germanische Eroberer vernichteten die im Niedergang begriffene Kultur der Römer, wodurch das gesamte antike Wissen verloren ging. Das frühe Mittelalter war deshalb sehr rückschrittlich. Das zeigt sich besonders im Kunsthandwerk (Glas, Keramik) und in der Bildhauerei.

Aquamanile,
Gefäß, aus dem Wasser zum Waschen auf die Hände gegossen wurde, oft in Form eines Löwen; war im ⇒ Mittelalter sowohl in der Kirche beim Gottesdienst als auch an der herrschaftlichen Tafel in Gebrauch

Arbeiter-und-Bauern-Staat, so nannte sich die DDR, die Deutsche Demokratische Republik, die 1949 auf dem Gebiet der sowjetischen Besatzungszone gegründet wurde, in der die werktätigen Menschen die Ausbeutung durch die Kapitalisten überwunden haben wollten. Stattdessen war die DDR ein Staat, in dem die Bürger durch die politische Führung überwacht und unterdrückt wurden. Die friedliche Revolution 1989 leitete ihr Ende ein, 1990 wurde sie mit der Bundesrepublik Deutschland vereinigt.

Archäologie, eigentlich Wissenschaft von den Altertümern. Sie untersucht das, was die Menschheit seit ihrer Entstehung hinterlassen hat und sich heute im Erdboden verbirgt. Wichtigste Methode ist die Ausgrabung. Die Auswertung der Funde und deren Altersbestimmung geben Aufschluss über das Leben, die Kultur und die Fähigkeiten unserer Vorfahren.

Armbrust, auch Bogenschleuder, ein Bogen mit einem Bügel, an dem man die Sehne spannen und feststellen konnte. Verschossen wurden Armbrustbolzen aus Holz mit einer eisernen Spitze. Diese Fernwaffen hatten im Mittelalter eine Reichweite von bis zu 300 Metern. Der englische König Richard Löwenherz wurde 1199 von einem Armbrustbolzen tödlich getroffen.

Armenhospital, Pflegeheim für Arme und Kranke, im Mittelalter oft von reichen adeligen Damen aus barmherzigen Gründen finanziert, um durch gute Werke göttliche Gnade zu finden. Elisabeth ließ ihr Hospital unterhalb der Wartburg 1226 während einer großen Hungersnot erbauen. Dort soll sie selbst Kranke gefüttert und gewaschen haben. Nach 1331 wurde es durch ⇒ Franziskaner weitergeführt, die an der Stelle ein Kloster errichteten.

Augsburger Religionsfrieden, während des dortigen Reichstags 1555 zwischen Kaiser und Fürsten geschlossen. Er sicherte den ⇒ protestantischen Ländern Religionsfreiheit zu. Allerdings bestimmte nun der jeweilige Herrscher, ob sein Land römisch-katholisch oder evangelisch-lutherisch sein sollte. Die Untertanen mussten sich fügen und bei Weigerung ihre Heimat verlassen.

Augustiner-Eremiten, Mönche, die dem Augustinerorden angehörten, und in Armut und Besitzlosigkeit nach den Regeln des heiligen Augustinus in Klöstern lebten. Im Spätmittelalter gaben sie ihre Zurückgezogenheit auf und wirkten aktiv in der Gesellschaft als Wissenschaftler, Lehrer oder Seelsorger.

B

Bauernkrieg, Deutscher Bauernkrieg, Höhepunkt 1524/25 in Thüringen. Die Bauern ernährten die gesamte Gesellschaft und hielten ihre Unterdrückung durch die Besitzer der Felder, auf denen sie schuften mussten, nicht mehr aus. Gemeinsam mit Handwerkern, Bürgern und Geistlichen schlossen sie sich in großen Gruppen („Haufen") zusammen, die mit einfachsten Waffen an vielen Orten Deutschlands gegen die Obrigkeit kämpften. In der Schlacht bei Frankenhausen wurden sie 1525 vernichtend geschlagen, 6.000 Bauern ließen ihr Leben. Ihr Anführer, der Theologe Thomas ⇒ Müntzer, und andere Aufständische wurden hingerichtet. Martin ⇒ Luther hat die Forderungen der Bauern unterstützt, ihre Gewalt jedoch scharf verurteilt.

Bechstein, Ludwig, 1801-1860, Schriftsteller, deutscher Märchendichter. Bechstein war seit 1831 Hofbibliothekar in Meiningen und hatte viele Thüringer Sagen gesammelt und aufgeschrieben. Für den Maler Moritz von ⇒ Schwind bildeten sie die Vorlage für seine Wandmalereien auf der Wartburg.

Befreiungskriege, Freiheitskriege von Preußen, Russland, Österreich, Schweden u. a. 1813-1815 gegen die französische Vorherrschaft in Mitteleuropa (⇒ Napoleon I.). Höhepunkt war die ⇒ Völkerschlacht bei Leipzig im Oktober 1813, in der 90.000 Soldaten starben.

Bergfried, unbewohnter Hauptturm einer mittelalterlichen Burg, höchstes Bauwerk zur Beobachtung des Umlandes und Aufenthaltsort der Wachen

Beutekunst, Kunstraub im Zusammenhang mit kriegerischen Auseinandersetzungen. Die Nationalsozialisten eigneten sich während des Zweiten Weltkriegs viele bedeutende Kunstwerke und Kulturgüter aus den von ihnen besetzten Ländern an. Siegermächte, wie die ehemalige Sowjetunion, nahmen nach der Niederlage des ⇒ Deutschen Reiches deutsche Kulturgüter, wie die ⇒ Rüstkammer der Wartburg, in ihren Besitz und schafften sie außer Landes.

Bibel, auch Heilige Schrift und „Buch der Bücher". Sammlung von jüdischen und christlichen Schriften, die die Worte Gottes enthalten sollen und von der Schöpfung der Welt bis zu Jesus Christus berichten. Ihre Hauptbestandteile sind das Alte und das ⇒ Neue Testament.

Bischof, geistlicher Würdenträger in allen christlichen Kirchen. Während in der katholischen Kirche ein Priester zum Bischof ernannt und geweiht wird, wählen die protestantischen Gläubigen die Bischöfe aus ihrer Mitte.

Blide, auch „Tribok", mittelalterliche Belagerungsmaschine. Der hölzerne Wurfarm konnte 20 Meter lang sein. Er wurde mit einer Winde heruntergezogen und gespannt. Am kurzen Hebel befand sich eine Kiste mit vielen Steinen als Gegengewicht, die beim Loslassen heruntersauste. Der lange Hebel schnellte nach oben. Daran war ein Seil mit einem Netz angebracht, aus dem die Steinkugel herausgeschleudert wurde. Auf der Runneburg bei Weißensee in Thüringen wurden zwei Blidenkugeln gefunden, die jeweils 100 Kilogramm wogen. Man hat ausgerechnet, dass diese Steine bis zu 400 Meter weit flogen. Ihre Durchschlagskraft war enorm.

Bollwerk, auch „Bohlwerk", eigentlich eine Mauer aus senkrecht in den Erdboden gerammten Holzbohlen zum Schutz von frühen Burganlagen. Auf der Wartburg Bezeichnung für eine vor der Zugbrücke errichtete Vorburg, ein zusätzlicher Befestigungsabschnitt, der 1480 erbaut und vor 1800 abgerissen wurde.

Brakteat, Hohlpfennig, einseitig geprägte, sehr dünne, meist silberne Münze, vom 12. bis 14. Jahrhundert als Zahlungsmittel in Gebrauch. Arbeiter erhielten beim Burgenbau etwa 10 Pfennige pro Arbeitstag. Deren Wert änderte sich laufend, so dass kaum noch zu ermitteln ist, was man dafür kaufen konnte.

Brandpfeil, mit ⇒ Langbogen oder ⇒ Armbrust verschossener Pfeil, an dessen Spitze ein mit Öl oder Eisenspänen, Salpeter als Brandbeschleuniger und Schwefel getränkter Lappen angebracht war, der vor dem Abschuss entzündet wurde. Traf er, war seine Wirkung verheerend.

Burg, mittelalterliche Wehr- und Wohnanlage, bis 1100 aus Holz, danach meist in Stein errichtet. Grob unterscheidet man Höhenburgen im Bergland und Tiefburgen (auch Niederungsburgen) im Flachland. Wichtigste Bestandteile einer Burg sind der Turm (⇒ Bergfried), ein Wohngebäude (Saalbau oder ⇒ Palas) und eine umlaufende Mauer mit einem geschützten Zugang. Später wurden viele Burgen verstärkt und erweitert, so dass man von Abschnittsburgen spricht. Ihre Befestigungen mussten sich der ständigen Weiterentwicklung von Waffen und Munition anpassen. Nach 1600 wurden zunächst kaum noch neue Burgen errichtet. Ihre einstigen Bewohner lebten jetzt in bequemen Schlössern in den Städten, ihren Schutz übernahmen mächtige Festungsanlagen.

Burggraf, Burgvogt, meist ein dem niederen ⇒ Adel entstammender Verwalter einer Burg und eines Gebietes, die einem höher gestellten Landesherren gehörten. In dessen Abwesenheit erfüllte er militärische, juristische und Verwaltungsaufgaben.

Burschenschaften, Deutsche Burschenschaft, Studentenverbindungen. 1815 nach den ⇒ Befreiungskriegen in Jena als „Urburschenschaft" gegründet. Erster Höhepunkt in ihrer Geschichte war das ⇒ Wartburgfest 1817 mit 500 Teilnehmern. Ihr Wahlspruch lautet „Ehre, Freiheit, Vaterland". Im Nationalsozialismus aufgelöst, erfolgte die Neugründung 1950 in der alten Bundesrepublik. Ihre politische Haltung und ihr Auftreten in der Öffentlichkeit sind heute umstritten.

Burse, mittelalterliches Studentenwohnheim und Internat, von Börse, einer (gemeinsamen) Kasse abgeleitet. Vor allem ärmere Theologiestudenten lebten in Gemeinschaften, zahlten Haushaltsgeld, lernten und aßen gemeinsam und schliefen in einem Raum. Ein ⇒ Magister achtete darauf, dass die dort üblichen strengen Regeln eingehalten wurden.

C

Carl Alexander von Sachsen-Weimar-Eisenach, 1818-1901, seit 1853 Großherzog. Fortschrittlicher Herrscher mit breiten kulturellen Interessen, promovierter Jurist. Versuchte, dem ⇒ „Goldenen Zeitalter" seines Großvaters ⇒ Carl August und ⇒ Goethes ein „Silbernes Zeitalter" folgen zu lassen, indem auch er viele Künstler und Wissenschaftler nach Weimar einlud. Sein ehrgeizigstes Ziel war jedoch die „Wiederherstellung" der verfallenen Wartburg ab 1838. An der Auffahrt zur Burg steht seit 1909 das Carl-Alexander-Denkmal.

Carl August von Sachsen-Weimar-Eisenach, 1757-1828, seit 1758 Herzog unter Vormundschaft seiner Mutter, seit 1815 Großherzog. Freundete sich mit Goethe an und bewog ihn zum Umzug nach Weimar. Begründete das ⇒ „Goldene Zeitalter" der Stadt.

Cranach, Hans Lucas von, 1855-1929, Burghauptmann und Oberburghauptmann der Wartburg, Pionier der Fotografie. Nachfahre des Malers und Lutherfreundes Lucas Cranach.

D

DDR ⇒ Arbeiter-und-Bauern-Staat

Dendrochronologie, „Baum-Zeit-Lehre", wissenschaftliche Methode, das Alter des in Gebäuden verbauten Holzes nach dem Wuchs zeitlich zuzuordnen. Mit einem Kernbohrer, der innen hohl ist, wird eine Probe entnommen. Die daran ablesbaren Jahresringe sind unterschiedlich dick und durch das jeweilige Wetter bestimmt. Sie sind breit, wenn es gute Wachstumsbedingungen gab, schmal in trockenen und kalten Jahren. Weil man von manchen Hölzern genau weiß, in welcher Zeit sie gefällt und eingebaut wurden, kann man das auch auf andere übertragen, über die es keine schriftlichen Berichte gibt. Diese Angaben sind heute mit höchstens zwei Jahren Abweichung sehr genau.

Denkmalpflege, befasst sich mit dem Schutz und der Erhaltung von bedeutenden Bauwerken aus allen Epochen - Burgen und Schlösser, Kirchen und Klöster, Wohngebäude, Handwerkerhöfe, Industrie- und Parkanlagen sowie Bodenfunde. Denkmalbehörden erfassen alle wichtigen Objekte in Listen, kontrollieren sie regelmäßig und müssen vom Eigentümer beabsichtigte Veränderungen genehmigen. Das erste Denkmalpflegegesetz wurde 1902 für das Großherzogtum Hessen in Darmstadt erlassen.

Deutsches Reich, offizielle Bezeichnung Deutschlands zwischen 1871 und 1945

Dirnitz, auch „Dürnitz", eigentlich ein beheizbarer Raum einer mittelalterlichen Burganlage. Auf der Wartburg wurde das Gebäude für die ⇒ Rüstkammer, das 1867 fertiggestellt war, ebenso genannt. Vergleiche ⇒ Kemenate

Dom, große Kirche, der mindestens ein ⇒ Bischof vorstand. Der Eisenacher Dom, der sich auf dem Frauenplan unweit des heutigen Bachhauses befand, wurde im ⇒ Bauernkrieg zerstört und nicht wieder aufgebaut.

Donnerbüchse, auch Handrohr, erste Feuerwaffe, die von einem Mann getragen und bedient werden konnte. Erfunden um 1300, sah sie aus wie eine Miniaturkanone von 20 bis 60 Zentimeter Länge. Sie war aus Bronze und wog höchstens 15 Kilogramm. Unter dem Arm angelegt, verschoss man mit Schießpulver bis zu vier Zentimeter große Bleikugeln. Bei einer Entfernung von 100 Metern durchbrachen sie jede Rüstung.

Dreißigjähriger Krieg, 1618-1648, Zusammenfassung

von vier politischen und gleichzeitig religiösen Kriegen als Folge der Reformation, die alle Seiten schwächten und viel Leid über Deutschland brachten. Im abschließenden Westfälischen Frieden wurde Mitteleuropa zwischen Spanien, Frankreich, den Niederlanden, Dänemark, Schweden, Österreich und deutschen Staaten neu aufgeteilt, die Schweiz erhielt ihre Unabhängigkeit.

E

Elisabeth von Thüringen, 1207-1231, Tochter König Andreas II. von Ungarn und Gertruds von Andechs-Meranien. Aufgewachsen und verheiratet mit Landgraf ⇒ Ludwig IV. von Thüringen. Starke, fast fanatische Hinwendung zum religiösen Armutsglauben des Mittelalters. Nach dem Tod ihres Mannes gab sie alle herrschaftlichen Pflichten auf und zog sich als mittellose Krankenschwester in ein selbst gegründetes ⇒ Armenhospital bei Marburg zurück, wo sie bald an einer ansteckenden Krankheit starb. ⇒ Heiligsprechung 1235 und Beginn des Baus der ihr geweihten Elisabethkirche in Marburg.

Erbe, Fritz, um 1500-1548, bekanntester Thüringer ⇒ Täufer. Geboren in Herda im heutigen Wartburgkreis, verbrachte er die Hälfte seines Lebens im Gefängnis, weil er die Neugeborenentaufe, vor allem aber die Anerkennung von Obrigkeiten und Kriegsdiensten verweigerte. Im Südturm der Wartburg war er acht Jahre eingekerkert, bevor er dort starb und am ehemaligen Hospital der heiligen Elisabeth verscharrt wurde.

Erbsünde, in der christlichen ⇒ Theologie sind alle Menschen seit Adam und Eva, die gemeinsam einen Apfel vom Baum der Erkenntnis aßen, damit belastet, weil sie sich dadurch Gott abgewandt haben sollen. In der Verführung durch den Apfel wurde ein Angriff des Bösen gesehen. Erst durch Jesus Christus und seinen stellvertretenden Tod am Kreuz würde die Gemeinschaft wieder hergestellt werden können. Somit war jeder Neugeborene seit seiner Geburt mit der Erbsünde behaftet. Nur gute Taten und ein fester Glaube konnten davon befreien.

Erzkanzler, die Erzbischöfe von Mainz, Köln und Trier, Stellvertreter von ⇒ Kaiser und ⇒ König im ⇒ Heiligen Römischen Reich.

F

Fachwerk, Fachwerkhaus, Gebäude, das zuerst aus Kanthölzern wie ein offenes Gerippe errichtet wurde. Wichtig für die Stabilität sind Versteifungen (Dreiecke). Zwischen die Hölzer waren im ⇒ Mittelalter Holzgeflechte eingefügt, die mit Lehm beworfen wurden (Gefache). Auf der Wartburg ist Fachwerk in der Vorburg und am ⇒ Gadem zu finden.

Fastentage, Fastenzeit, Tage, an denen man freiwillig auf bestimmte Speisen und Getränke, vor allem auf Fleisch und Milch, verzichtet. Im Christentum wird vor Ostern 40 Tage lang gefastet. Das ist die Zeit, die Christus in der Wüste verbracht haben soll, bevor er Karfreitag den Kreuzestod starb (Passionszeit). Sie beginnt am Aschermittwoch mit dem Ende des Karnevals. Auch in der Adventszeit vor der Geburt Christi wurden im Mittelalter nach strengen Regeln nur bestimmte Speisen gegessen. Martin Luther konnte dem Fasten nichts abgewinnen, weil es wie der ⇒ Ablass nicht zur Gnade Gottes verhelfen könne. Heute fasten manche Menschen ganz einfach aus gesundheitlichen Gründen und verzichten über eine selbst bestimmte Zeit auf Alkohol, Zigaretten, Süßigkeiten oder sogar aufs Fernsehen.

Fegefeuer, auch „Reinigungsort", in dem die Seelen verstorbener Christen auf den Himmel vorbereitet werden, nicht zu verwechseln mit der Hölle. Das Feuer soll die Seele reinigen, „läutern". Luther fand in der Bibel keine eindeutigen Hinweise für einen solchen Ort.

Festung, ein mit Wehranlagen, Mauern und Vorsprüngen (Bastionen) befestigter Ort zum Schutz vor den Geschossen schwerer Feuerwaffen. Eine der ältesten und größten Festungen in Deutschland steht auf dem Königstein in Sachsen.

Flaschenzug, Vorrichtung aus mehreren Rollen, durch die ein Seil geführt wird, an dem schwere Lasten nach oben gezogen werden können. Das Funktionsprinzip ähnelt der Gangschaltung am Fahrrad, die so eingestellt werden kann, dass mit wenig Kraft, aber über einen langen Weg ein großes Gewicht - das Rad und der Radler - leicht befördert wird. Baukräne heben ihre Lasten heute auf dieselbe Weise.

Franziskaner, Franziskanerorden, von Franziskus von Assisi 1210 in Italien gegründete Mönchsgemeinschaft, die zu den ersten Bettelorden gezählt wird. Deren Lebensgrundsätze in der Verehrung von Jesus Christus waren völlige Armut und Verzicht auf persönlichen Besitz.

Friedrich I., Beiname „Barbarossa" (deutsch: Rotbart), um 1122-1190, seit 1152 deutscher König und ab 1155 Kaiser, sah sich als Herrscher über die gesamte christliche Welt. Der Sage nach schläft Barbarossa mit seinen Rittern seit 800 Jahren im Kyffhäusergebirge in Nordthüringen und wartet darauf, die deutsche Einheit zu vollenden. Das hat er nun vor mehr als 20 Jahren verträumt.

Friedrich II., 1194-1250, Enkel von ⇒ Friedrich I., deutscher König seit 1211, Kaiser ab 1220, außergewöhnliche Persönlichkeit des europäischen Mittelalters, vielseitig begabt, konnte sich in sechs Sprachen verständigen. Der heiligen ⇒ Elisabeth fühlte er sich nach dem Tod ihres Mannes tief verbunden.

Fürst, „der Erste" (wie im Englischen: „first"), Vertreter des Hochadels, der nach den ⇒ Herzögen die höchste Macht in der mittelalterlichen ⇒ Ständegesellschaft besaß. Hohe kirchliche Würdenträger wurden zu Fürstbischöfen ernannt.

G

Gadem, auch „Gaden", im Mittelalter mittelgroßes Haus, das aus nur einem Raum besteht. Auf der Wartburg wurde das Gebäude gegenüber dem Palas 1874 bis 1879 als Gästehaus errichtet, heute befindet sich darin die Burgschänke.

Galgenkran, „T"-förmige Hebemaschine. Auf einer senkrechten Balkenkonstruktion wurde ein großer Ausleger befestigt, an dessen Enden je eine bewegliche hölzerne Laufrolle angebracht war. Auf die beiden Rollen wurde ein starkes Seil gelegt, das bis zum Boden reichte. An einem der Enden war die ⇒ Steinzange montiert, die das benötigte Baumaterial fasste, am anderen zogen die Bauleute die Last nach oben. War das Seil gespannt, schloss sich die Zange ganz von selbst.

Gegenkönig, meist auf Veranlassung des ⇒ Papstes und durch Unzufriedenheit mancher Fürsten gewählter Herrscher als Konkurrent zum offiziellen König, der, war er einmal gewählt, nicht einfach abgesetzt werden konnte.

Oft kam es danach zu kriegerischen Auseinandersetzungen zwischen beiden Gegnern, wie bei Landgraf ⇒ Heinrich Raspe von Thüringen. Letzter deutscher Gegenkönig war der Thüringer Günther von Schwarzburg. Auch er starb wenige Monate nach seiner Wahl im Jahr 1349. Die Todesursache konnte bis heute nicht aufgeklärt werden.

Geheimrat, Geheimer Rat, hohes Amt im Staatsdienst deutscher Königs- und Fürstenhöfe. „Geheim" meint nicht „heimlich", sondern ist im Sinne von „eingeweiht" zu verstehen und bezeichnet engste Vertraute des jeweiligen Herrschers.

Georg, beliebtester Heiliger des Christentums, soll im 3. Jahrhundert im Gebiet der heutigen Türkei gelebt haben und 303 von Christenverfolgern ermordet worden sein. Einer der „Vierzehn Nothelfer", die besonders verehrt werden. Meist wird er stellvertretend für den Erzengel Michael als Drachentöter dargestellt.

Gesinde, auch „die Leute", Dienerschaft, die für das Essen und einen Schlafplatz Dienste am Hof des ⇒ Adels leistete. Geldzuwendungen gab es nur ganz selten.

Goethe, Johann Wolfgang (von), bedeutendster deutscher Dichter, 1749-1832, lebte ab 1775 in Weimar. Sein bekanntestes Werk ist der „Faust" mit dem berühmten „Osterspaziergang".

Goldenes Zeitalter, eigentlich die frühe Phase der Geschichte der Menschheit, wie sie die Griechen oder auch asiatische Völker und Religionen verstanden. Übertragen auf das 18. Jahrhundert war das im Großherzogtum ⇒ Sachsen-Weimar-Eisenach die Zeit ⇒ Goethes und Schillers, die dem kleinen Land zu Weltruhm verhalf. Heute bezeichnet man diese Epoche als „Weimarer Klassik".

Graf, königlicher Amtsträger mit dem niedrigsten Rang im deutschen Hochadel. ⇒ Landgrafen hingegen waren ⇒ Herzögen gleichgestellt, ⇒ Markgrafen und Pfalzgrafen standen über den ⇒ Fürsten.

Gutenberg, Johannes, vorwiegend in Mainz lebender Erfinder des Buchdrucks mit beweglichen Lettern (Buchstaben) und der Buchdruckpresse, um 1400-1468. Ohne seine Erfindung hätte die Reformation keine so schnelle und weite Ausbreitung erfahren.

H

Heilige, Persönlichkeiten, die als besonders vollkommene und damit Gott sehr nahe Menschen galten. Die Heiligsprechung eines Verstorbenen, häufig erst viele Jahre nach seinem Tod, war Sache des Papstes. Luther hat die Heiligenverehrung nicht grundsätzlich abgelehnt, obwohl die meisten Bilder und Figuren nach der Reformation aus den Kirchen entfernt wurden.

Heiligenkalender, Verzeichnis der Namens- oder Gedenktage der ⇒ Heiligen im katholischen Kirchenjahr. Tag der heiligen Elisabeth von Thüringen zum Beispiel ist der 19. November, das Datum ihrer Beerdigung.

Heiliges Land, religiöse Bezeichnung für die Gegend des heutigen Staates Israel, Ziel der mittelalterlichen ⇒ Kreuzzüge zur Rückeroberung der christlichen Stätten, vor allem der Grabeskirche in Jerusalem, wo Jesus beigesetzt worden sein soll.

Heiliges Römisches Reich, Herrschaftsbereich der römisch-deutschen ⇒ Könige und ⇒ Kaiser vom Mittelalter bis 1806. Es umfasste große Teile Mittel- und Südeuropas.

Heinrich Raspe IV., 1204-1247, dritter Sohn ⇒ Hermanns I., Bruder ⇒ Ludwigs IV. und nach dessen Tod letzter Thüringer Langraf aus dem Geschlecht der ⇒ Ludowinger. 1246/47 für neun Monate deutscher ⇒ Gegenkönig

Heinrich von Ofterdingen, sagenhafter ⇒ Minnesänger der Zeit um 1200, Teilnehmer des ⇒ Sängerkrieges auf der Wartburg. Der Komponist Richard ⇒ Wagner glaubte, er sei mit dem Ritter Tannhäuser identisch, der Hauptfigur seiner berühmtesten Oper.

Hermann I., um 1155-1217, jüngerer Sohn ⇒ Ludwigs II., seit 1181 ⇒ Pfalzgraf von Sachsen und ab 1190, nach dem Tod seines Bruders ⇒ Ludwig III. auch

⇒ Landgraf von Thüringen. In Paris erzogen und vielseitig ausgebildet, entwickelte er sich zu einem bedeutenden Förderer von Kultur, Kunst und Künstlern. 1206 soll er zum sagenhaften ⇒ Sängerkrieg auf die Wartburg eingeladen haben. Gleichzeitig aber galt Hermann als berechnender Politiker, der häufig die Seiten wechselte.

Herzog, „der vor dem Heer zog", im frühen Mittelalter ein militärischer Titel für den Anführer einer großen Kriegsmacht, später ranghöchster ⇒ Adeliger nach dem ⇒ König

Hofamt, Hofämter, im Mittelalter von Adeligen wahrgenommene Aufgaben, die den herrschaftlichen Haushalt eines Königs oder Fürsten garantierten. Die wichtigsten waren ⇒ Kämmerer, ⇒ Marschall, ⇒ Truchsess und ⇒ Mundschenk. Später kam der ⇒ Kanzler dazu. Am Königshof nannten sie sich „Erzkämmerer", ⇒ „Erzmarschall" usw., was so viel wie „Oberkämmerer" und „Obermarschall" heißt.

Humanismus, „humanus" bedeutet menschlich, Idee von einer Welt, in der der Mensch im Mittelpunkt steht. In der ⇒ Antike weit verbreitete Anschauung, die sich mit grundsätzlichen Fragen befasste: was eigentlich ist Wahrheit, wer ist warum ein guter Mensch und wie steht er zu seiner Gemeinschaft, was ist Freiheit oder was macht glücklich? Im späten Mittelalter wurde die Antike von Gelehrten als Vorbild und Ziel des menschlichen Lebens wiederentdeckt. Martin Luther kam mit dem Humanismus an der Universität Erfurt in Berührung. Seine ⇒ Theologie wurde davon beeinflusst.

Hus, Jan, um 1369-1415, ⇒ Priester und Rektor (Direktor) der Prager Universität. Versuchte einhundert Jahre vor ⇒ Luther, die römische Kirche zu verändern, predigte in seiner tschechischen Muttersprache. Weil Hus die Rolle des Papstes als Stellvertreter Gottes auf Erden bestritt, wurde er als ⇒ Ketzer verurteilt und in Konstanz verbrannt.

J

Jüngstes Gericht, „Weltgericht", auch „Jüngster", letzter Tag der Menschheit, das Ende der irdischen Welt durch das allgewaltige Gericht Gottes - im Alten Testament der ⇒ Bibel wird davon berichtet. Jesus ist der

Richter, der die gerechten (guten) von den ungerechten (schlechten) Menschen trennt, worauf sie entweder in den Himmel oder in die Hölle kommen.

K

Kaiser, im ⇒ „Heiligen Römischen Reich" vom ⇒ Papst ernannter ⇒ König als oberster Beschützer des ⇒ Reiches und des christlichen Glaubens, bis zu ⇒ Karl V. Später bezeichneten sich alle römisch-deutschen Könige auch ohne päpstlichen Segen als Kaiser.

Kämmerer, Verwalter der Schatzkammer, des Besitzes eines mittelalterlichen Herrschers

Kanzler, zuständig für rechtliche Regeln und Urkunden am Hof eines Herrschers, höchster Beamter, vergleiche ⇒ Erzkanzler; leitet sich ab von ⇒ Kaplan

Kaplan, von Lateinisch „capellus", Geistlicher, der sein Amt in einer Hofkapelle ausübt

Karl V., 1500-1558, seit 1516 König von Spanien, ab 1519/20 römisch-deutscher Kaiser aus dem Haus der Habsburger. Hoch gewachsener, kräftiger Mann mit hervorstehendem Unterkiefer und roten Haaren, besonders auffällig muss seine Gefräßigkeit gewesen sein. Führte Kriege gegen Frankreich, Italien und die ⇒ protestantischen Fürsten. Sein Versuch, die Reformation aufzuhalten, scheiterte schließlich mit dem ⇒ Augsburger Religionsfrieden.

Kemenate, von „Kamin", im Mittelalter ein beheizbarer Raum in einem Gebäude. Auf der Wartburg findet man den Begriff gleich zwei Mal. So wird der südliche Erdgeschossraum des ⇒ Palas „Elisabethkemenate" genannt, obwohl alle anderen Säle ebenso zu heizen waren. Auch das im 19. Jahrhundert errichtete

Fürstenwohnhaus mit dem großen Erker heißt ⇒ „Neue Kemenate". Vergleiche ⇒ Dirnitz

Ketzer, „Irrgläubige", Menschen mit einem von der christlichen Lehre abweichenden Glauben. Sie wurden auf Veranlassung der Kirche vor Gericht gestellt, gefoltert und häufig auf dem Scheiterhaufen verbrannt.

Keuschheit, schamhaftes Verhalten aus meist religiösen Gründen. Mönche, Nonnen und katholische Priester sind zu Ehelosigkeit (Zölibat) und sexueller Enthaltsamkeit verpflichtet.

Kirchenbann, Ausschluss eines Menschen aus der römisch-katholischen Kirchengemeinschaft (auch Exkommunikation). Im ⇒ Mittelalter hatte der päpstliche Bann automatisch die kaiserliche ⇒ Reichsacht zur Folge.

Klingsor, angeblich aus Ungarn stammender Zauberer der deutschen Sagenwelt. Ähnlich dem britischen „Merlin", wird er in verschiedenen Handschriften des Mittelalters, wie im ⇒ Sängerkrieg erwähnt.

Knappe, Knabe, Edelknabe, der im Alter von 14 bis 21 Jahren zum Ritter ausgebildet wurde. Er bekam ein kurzes Schwert überreicht, den Schwertgürtel umgebunden und ⇒ Sporen an seine Stiefel angelegt. Sein Lehrherr war ein ⇒ Ritter, ihn begleitete er beim Turnier und trug seinen Schild (Schildknappe). Im Kampf blieb er stets hinter ihm, hielt eine Ersatzwaffe bereit und eilte notfalls zu Hilfe.

König, höchster Rang in einem selbstständigen mittelalterlichen Staat, bestimmte die Gesetze und war oberster Richter, als römisch-deutscher König von den ⇒ Kurfürsten gewählt

Konrad III., 1093-1152, Herzog von Franken, seit 1227 deutscher ⇒ Gegenkönig, ab 1138 ⇒ römisch-deutscher König des ⇒ Heiligen Römischen Reichs. Er starb kurz vor der beabsichtigten Kaiserkrönung durch den ⇒ Papst.

Kreuzzüge, religiös und wirtschaftlich motivierte Kriegszüge der Christen in das ⇒ Heilige Land, den ⇒ Nahen Osten, vom späten 11. bis zum 13. Jahrhundert

Kunigunde von Eisenberg,
um 1245-1286, schöne Tochter
eines ⇒ Adeligen aus
Ostthüringen, Hofdame der
⇒ Margaretha von Staufen,
zweite Frau von ⇒ Albrecht
dem Entarteten

Kurfürsten, die seit dem 13. Jahrhundert zur Königswahl berechtigten sieben Fürsten, die wichtige Ämter am deutschen Königshof ausübten. Es waren die Erzbischöfe von Mainz, Köln und Trier, der Pfalzgraf bei Rhein, der Herzog von Sachsen, der Markgraf von Brandenburg und der König von Böhmen.

Der Mainzer Bischof war ⇒ Erzkanzler von Deutschland, seine beiden Amtsbrüder Erzkanzler von Italien und Burgund (Frankreich).

Der Pfalzgraf war des Königs ⇒ Truchsess, der sächsische Herzog dessen ⇒ Marschall und der Markgraf sein ⇒ Kämmerer. Der böhmische König war der ⇒ Mundschenk des wesentlich bedeutenderen deutschen Herrschers.

Kurrende, um Geld bittende Schülerchöre, die auf Straßen und später auch im Gottesdienst sangen. Die Kinder trugen schwarze Mäntel und flache Kappen. Bis heute gibt es solche kirchlichen Singegruppen vor allem noch in Sachsen und Thüringen.

L

Landgraf, ⇒ Adeliger, der sein ⇒ Lehen direkt vom ⇒ König erhielt und damit ⇒ Reichsfürst wurde. Nach dem Aussterben der Thüringer Landgrafen 1247 wurde der Titel an die Grafen in Hessen vererbt, deren Nachfahren sich bis heute so nennen.

Langbogen, flacher Bogen, oft so lang wie der Bogenschütze groß war, bestehend aus Bogenstab (meist Eibe) und Bogensehne (Lein- oder Brennnesselfasern). Ein guter Schütze soll bis zu zwölf Pfeile in der Minute verschossen haben und traf auf 200 Meter genau.

Lanze, auch „Rennspieß", schwerer Speer mit blattförmiger Spitze, bis zu fünf Meter lang, der als Stichwaffe mit sicherem Abstand zum Gegner verwendet wurde.

In ⇒ Turnieren führten die ⇒ Ritter damit akrobatische Übungen, wie das „Ringstechen", vor.

Laufer, Johann Andreas, der „alte Andreas", 1788-1861, knapp 60 Jahre Burgknecht auf der Wartburg, galt als immer schmutziger und angetrunkener Sonderling, wurde aber wegen seines Fleißes sehr geschätzt. Seine Schwester Christine leistete beinahe genauso lang Botendienste und erledigte Einkäufe für die Burgbesatzung in der Stadt.

Lehen, Lehnswesen, Grundlage der mittelalterlichen ⇒ Ständeordnung. Der ⇒ König „verlieh" Land an ⇒ Adelige, die für ihn in Kriegen kämpften und ihm seine Macht sicherten. Beide Seiten schlossen einen schriftlichen Vertrag; ausgefertigt wurde eine Urkunde. Der König konnte das Lehen jederzeit wieder einziehen, wenn der Lehensmann starb oder sich womöglich auf die Seite seiner Feinde schlug. Später wurde das Lehen vererbt und entzog sich langsam dem Einfluss des Herrschers.

Leipziger Teilung, für die Länder Thüringen, Sachsen und Sachsen-Anhalt folgenreiche Spaltung Mitteldeutschlands; 1485 unter den Söhnen Albrecht und Ernst des sächsischen Kurfürsten Friedrich II. ausgehandelte Aufteilung des väterlichen Besitzes. Das Ernst zugesprochene Thüringen bestand schließlich und bis 1918 aus sieben kleinen Thüringer Staaten. Durch diese Teilungen verloren die ⇒ Wettiner Einfluss und Macht in Deutschland.

Liszt, Franz, 1811-1886, ungarisch-österreichischer Komponist, Pianist und Dirigent, 1842-1861 Hofkapellmeister in Weimar. Liszt nahm regen Anteil an der Wiederherstellung der Wartburg und führte zur 800-Jahrfeier 1867 sein Oratorium „Die Legende von der Heiligen Elisabeth" im Festsaal auf.

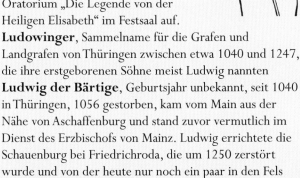

Ludowinger, Sammelname für die Grafen und Landgrafen von Thüringen zwischen etwa 1040 und 1247, die ihre erstgeborenen Söhne meist Ludwig nannten

Ludwig der Bärtige, Geburtsjahr unbekannt, seit 1040 in Thüringen, 1056 gestorben, kam vom Main aus der Nähe von Aschaffenburg und stand zuvor vermutlich im Dienst des Erzbischofs von Mainz. Ludwig errichtete die Schauenburg bei Friedrichroda, die um 1250 zerstört wurde und von der heute nur noch ein paar in den Fels geschlagene Stufen zeugen.

Ludwig der Springer, 1042(?)-1123, Sohn Ludwigs des Bärtigen, Vater ⇒ Ludwigs I., Gründer der Wartburg, der Neuenburg bei Freyburg an der Unstrut und des Klosters Reinhardsbrunn bei Friedrichroda. Über sein Leben ist bis auf die dreijährige Gefangenschaft bei Halle wenig bekannt.

Ludwig I., um 1080-1140, Sohn ⇒ Ludwigs des Springers, Vater ⇒ Ludwigs II., seit 1131 erster Thüringer Landgraf, erbte durch Eheschließung hessische Besitztümer

Ludwig II., „der Eiserne", 1128-1172, Sohn ⇒ Ludwigs I., Vater ⇒ Ludwigs III., heiratete um 1150 Jutta, die Schwester des künftigen Kaisers ⇒ Friedrich I. Er war der wichtigste Burgenbauer der ⇒ Ludowinger,

gründete die Runneburg in Weißensee und erwarb die Creuzburg nördlich von Eisenach.

Ludwig III., „der Milde", um 1151-1190, Sohn ⇒ Ludwigs II., Bruder ⇒ Hermanns I., führte den Löwen als Thüringer Wappentier ein. 1173 zerstörte er die Stadt Weimar, später versuchte er Erfurt einzunehmen und starb während des III. ⇒ Kreuzzugs auf See vor Zypern. Ludwig hatte keine männlichen Kinder, so dass sein jüngerer Bruder ⇒ Hermann die Nachfolge antrat.

Ludwig IV., „der Heilige", 1200-1227, Sohn ⇒ Hermanns I., Ehemann der ⇒ Elisabeth von Thüringen, ⇒ Marschall ⇒ Kaiser Friedrichs II., starb auf dem Weg in den V. Kreuzzug. Der Beiname bezieht sich auf seine Gemahlin, Ludwig selbst wurde nie ⇒ heilig gesprochen.

Luther, Martin, 1483-1546, ⇒ Augustiner-Eremit, ⇒ Theologe, Professor an der Wittenberger Universität, Urheber und Lehrer der ⇒ Reformation, Begründer des ⇒ Protestantismus, führte unbeabsichtigt die Spaltung

der ⇒ römischen Kirche in protestantische und katholische Christen herbei.

M

Magister, Meister, Lehrmeister. „Magister artium" durfte sich ein mittelalterlicher Student nach dem Studium der „Sieben Freien Künste" (Grammatik, Rhetorik, Dialektik, Arithmetik, Geometrie, Musik und Astronomie) nennen und selbst Studienanfänger unterrichten. An deutschen Hochschulen wurde der Titel 1960 für vor allem geisteswissenschaftliche Fächer wieder eingeführt. Absolventen tragen den Namenszusatz „M. A."

Margaretha von Staufen, 1237-1270, sizilianische Prinzessin, Tochter Kaiser ⇒ Friedrichs II., Mutter ⇒ Friedrichs des Freidigen. Zu ihrer Hochzeit mit ⇒ Albrecht dem Entarteten erhielt sie Ländereien um Altenburg und Zwickau als Geschenk von ihrem Vater.

Markgraf, als königlicher Amtsträger Graf einer Grenzmark, eines Landes an den Grenzen des ⇒ Heiligen Römischen Reiches, den ⇒ Herzögen gleichgestellt

Marschall, ursprünglich Pferdeknecht, Stallmeister, im Mittelalter Träger eines der ⇒ Hofämter und zuständig für die Reiterei

Martin von Tours, um 316-397, römischer Offizier, der sich zum Christentum bekannte, Bischof in der französischen Stadt Tours, beliebter ⇒ Heiliger, soll seinen Mantel mit einem Bettler geteilt haben

Minnesänger, Dichter und Sänger von Liebeslyrik und Sangsprüchen des Mittelalters, von denen sich die Herrscher und ihr Hof unterhalten und belehren ließen. Bekanntester Vertreter ist ⇒ Walther von der Vogelweide, einer der bedeutendsten Förderer war ⇒ Hermann I.

Mittelalter, in der Geschichtswissenschaft als zwischen ⇒ Antike und ⇒ Neuzeit gelegene Epoche bezeichnet, die von etwa 500 bis 1500 andauerte

Mönch, Mann, der sich von der Welt lossagt, um ganz im Glauben und meist in völliger Armut Gott nahe zu sein, in unterschiedlichen ⇒ Orden in Klöstern in Gemeinschaft lebend. Die weibliche Form heißt Nonne.

Mundschenk, Kellermeister und Verwalter der Weinberge, Mitglied des ⇒ Hofamtes

Müntzer, Thomas, 1489-1525, lutherischer ⇒ Theologe, Führer im ⇒ Bauernkrieg, sah die Zeit reif für das ⇒ Jüngste Gericht und die Bestrafung der Reichen, um soziale Gerechtigkeit in der spätmittelalterlichen Gesellschaft zu schaffen. Bei Frankenhausen gefangen genommen, wurde er am 27. Mai 1525 auf Veranlassung der Grafen von Mansfeld in Mühlhausen geköpft.

N

Naher Osten, geografische Bezeichnung für die arabischen Staaten in Vorderasien und Israel

Napoleon I., 1769-1821, französischer General, Staatsmann und Kaiser, herausragender Militär, der ganz Europa unterwerfen wollte, scheiterte vor allem in der ⇒ Völkerschlacht bei Leipzig

Nation, ursprünglich Bezeichnung für größere Menschengruppen, die dieselbe Geschichte, Sprache und die gleichen kulturellen Traditionen verbindet, heute oft mit dem Begriff „Staat" gleichgesetzt, in dem durchaus unterschiedliche Gruppen oder Völker (Migranten) bei gegenseitiger Toleranz und Achtung zusammenleben können. Beispiele dafür sind USA, Schweiz und auch Deutschland.

Nationaldenkmal, Bauwerk, das zur Erinnerung für die

ganze ⇒ Nation im 19. und 20. Jahrhundert errichtet
wurde. Bekannte Beispiele sind das Kyffhäuserdenkmal bei
Bad Frankenhausen, das Völkerschlachtdenkmal in Leipzig
und das Burschenschaftsdenkmal in Eisenach. Streng
genommen gehört die jahrhundertealte Wartburg nicht
dazu, jedoch wurde sie seit ihrer Wiederherstellung von
der Bevölkerung immer als Nationaldenkmal verehrt und
verstanden.

Neue Kemenate, fürstliches Wohngebäude auf der
Wartburg, 1853-1860 erbaut

Neues Testament,
jüngerer Teil der
Bibel, erzählt vom
Leben Jesu Christi
und von den
Anfängen der
christlichen
Kirche

Neuzeit, geschichtliche Epoche, die um 1500 an das
⇒ Mittelalter anschloss und bis heute andauert

O

Obersächsisch, eigentlich „Thüringisch", die Sprache,
besser der mitteldeutsche Dialekt, den Martin
⇒ Luther sprach und schrieb, Grundlage unserer heutigen
gemeinsamen deutschen Sprache

Oratorium, musikalische Komposition für Sänger und
Orchester in Kirchen, in der ein geistliches Thema erzählt
und besungen wird. Am bekanntesten ist das
Weihnachtsoratorium von Johann Sebastian Bach, das von
der Geburt Jesu Christi berichtet.

Orden, Ordensgemeinschaft, christliche
Lebensgemeinschaft von Männern (⇒ Mönche)
oder Frauen (Nonnen), die ein eheloses, gottgefälliges
Leben meist in Klöstern führten und nach strengen Regeln
beteten und arbeiteten

P

Page, adeliger Junge, der im Alter von sieben Jahren seine
erste Ausbildung antrat. Mit 14 konnte er
⇒ Knappe sein und mit 21 Jahren zum ⇒ Ritter ernannt
(„geschlagen") werden.

Palas, Hauptgebäude einer Burg des Hohen ⇒ Adels im
Mittelalter, in dem der Herrscher mit seiner Familie
wohnte und mitunter große Feste feierte. Der Palas der
Wartburg gilt als am besten erhaltenes Gebäude dieses
Bautyps in Deutschland. Andere wichtige Palasse gibt es in
der Kaiserpfalz Gelnhausen oder, nur noch als Ruine
erhalten, auf Burg Münzenberg in Hessen.

Papst, „Heiliger Vater", Bischof von Rom, Oberhaupt der
⇒ römischen, heute römisch-katholischen Kirche,
mitunter auch als „Stellvertreter Gottes auf Erden"
bezeichnet

Pest, Seuche, eine hochansteckende bakterielle
Infektionskrankheit, die im Mittelalter von Nagetieren,
vor allem Ratten, über Flöhe auf Menschen übertragen
wurde, die durch Blutvergiftung und das Versagen
wichtiger innerer Organe starben. Die auch „Großes
Sterben" genannte Krankheit forderte um 1350 in nur
sechs Jahren in Europa
25 Millionen Opfer, mehr
als ein Drittel der
gesamten Bevölkerung.

Pfalz, Königshof, bestehend aus ⇒ Palas, Pfalzkapelle und
großem Gutshof für den Aufenthalt des Königs und seines
zahlreichen Gefolges

Pfalzgraf, ursprünglich Verwalter einer Pfalz, zählte im
späteren Mittelalter zu den ⇒ Reichsfürsten

Pilger, „Fremdlinge", Menschen, die aus religiösen
Gründen meist zu Fuß einen für das Christentum
besonderen, heiligen Ort aufsuchen (pilgern). Dadurch
versprechen sie sich ⇒ Ablass oder Heilung von einer
schweren Krankheit. ⇒ Luther hatte den Ablass und somit
auch das Pilgern abgelehnt.

Priester, Vorsteher, „Ältester" in den meisten Religionen. Im katholischen Christentum herausgehobene Person, die die Priesterweihe empfangen hat und als Vermittler zwischen Gott und den Menschen (Verkünder des Wortes Gottes) auftritt. In den evangelischen Kirchen sind alle Getauften Priester mit unmittelbarem Zugang zu Gott durch den Glauben („allgemeines Priestertum").

Protestanten, Sammelbegriff für alle aus der ⇒ Reformation hervorgegangenen kirchlichen Glaubensgemeinschaften. Auf dem ⇒ Reichstag 1529 in Speyer protestierten die evangelischen Fürsten und Städte. Das gab dem Protestantismus den Namen. Gefordert wurden die Aufhebung der ⇒ Reichsacht über ⇒ Luther und die Anerkennung des evangelischen Glaubens.

Prozess, Gerichtsverfahren, das durch eine Klage eingeleitet wird und in einem Urteil oder Beschluss endet

R

Reformation, durch ⇒ Luther und andere hervorgerufene Bewegung zur Erneuerung der römischen Kirche, führte zu neuen, vom ⇒ Papst unabhängigen Kirchen und Glaubensgemeinschaften

Reich, Territorium, Gebiet einer Landesherrschaft, eines Staates. Vergleiche ⇒ Deutsches Reich, ⇒ Heiliges Römisches Reich

Reichsacht, von ⇒ Kaisern und ⇒ Königen wegen schwerer Vergehen verhängte Ächtung („Acht") von Personen, die dadurch ohne eigene Rechte waren und von jedermann ungestraft getötet werden konnten. Sie wurden Geächtete oder Vogelfreie genannt.

Reichsfürsten, Adelige, die ihr ⇒ Lehen unmittelbar vom ⇒ König erhielten und nur von ihm abhängig waren. Dazu zählten ⇒ Herzöge, ⇒ Markgrafen, ⇒ Landgrafen, ⇒ Pfalzgrafen.

Reichsherold, offizieller Bote des ⇒ Königs, genoss diplomatische Immunität

Reichstag, vom ⇒ König einberufene Fürstenversammlung im ⇒ Heiligen Römischen Reich; oberste Versammlung gewählter Parteienvertreter im ⇒ Deutschen Reich

Ringmauer, freistehende äußere Wehrmauer, die die Gebäude einer Burg umschließt

Ritgen, Hugo von, 1811-1889, Architekt und Universitätsprofessor, leitete die Wiederherstellung der Wartburg im 19. Jahrhundert

Ritter, von „Reiter", schwer bewaffneter und berittener Krieger des Mittelalters

Ritterschlag, seit dem 14. Jahrhundert wird die feierliche Aufnahme in den Ritterstand durch ein sanftes Antippen der Schulter mit einem Schwert vollzogen; löste die Zeremonie der ⇒ Schwertleite ab. Der Schlag sollte der letzte Hieb für den jungen Ritter sein, den er ohne seine eigene Verteidigung hinzunehmen hatte.

Ritterorden, während der ⇒ Kreuzzüge entstandene ⇒ Ordensgemeinschaften zur Verteidigung des ⇒ Heiligen Landes und zum Schutz der ⇒ Pilger. Zu den bekanntesten gehören der Deutsche Orden, der Templerorden und der Johanniterorden.

Romanik, europäische Kunstepoche und Baustil zwischen etwa 1000 und 1250, gekennzeichnet durch starkes Mauerwerk und den Rundbogen (Halbkreisbogen) über Toren und Fenstern

Romantik, kulturelle Epoche zwischen 1790 und nach 1850, die sich schwärmerisch nach der Zeit der ⇒ Romanik sehnt, vor allem in bildender Kunst (⇒ Schwind), Literatur und Musik (⇒ Liszt) ausgeprägt

Rüstkammer, Rüstsammlung, Waffensammlung, gliedert sich in Schutzwaffen (Rüstungen, Schilde), Hieb-und-Stichwaffen (⇒ Lanze, ⇒ Schwert), Fern- und Feuerwaffen (⇒ Armbrust, ⇒ Langbogen, ⇒ Donnerbüchse)

S

Sachsen-Weimar-Eisenach, ehemaliges Herzogtum im heutigen Thüringen, entstand 1741, wurde 1815 Großherzogtum und 1918 durch Rücktritt aller Fürsten nach Weltkrieg und Revolution aufgelöst. Größte Städte waren Jena, Eisenach, Weimar, Apolda und Ilmenau.

Sängerkrieg, Wartburgkrieg, Sammlung von Dichtungen des Mittelalters, die nach 1260 zusammengestellt wurde und an die Förderung der Künste durch ⇒ Hermann I. (um 1200) erinnert. In der ⇒ Romantik wird das Thema von mehreren Künstlern wiederentdeckt, am bekanntesten ist Richard Wagners Oper „Tannhäuser oder der Sängerkrieg auf Wartburg".

Schanze, vorgelagerter Teil der Befestigungsanlage einer Burg; zunächst oft nur provisorisch aus Reisigbündeln errichtet, auf der Wartburg in Stein und ⇒ Fachwerk; Begriff auch heute noch gebräuchlich: „sich verschanzen"

Schießscharte, Öffnung in Mauern oder hölzernen Wehrgängen, durch die eine Burg oder eine Stadt mit Fernwaffen verteidigt werden konnte, ohne den Schützen direkt zu gefährden

Schwert, Hieb- und Stichwaffe, meist gerade und zweischneidig; eine Besonderheit ist der „Bidenhänder", ein bis zu zwei Meter langes Schwert, das mit beiden Händen geführt wurde

Schwertleite, Aufnahme eines ⇒ Knappen in den Ritterstand, oft mit einem großen Fest verbunden, im 14. Jahrhundert vom französischen ⇒ Ritterschlag verdrängt

Schwind, Moritz von, 1804-1871, Maler und Zeichner. Zu seinen bekanntesten Werken zählen die Wandmalereien im ⇒ Palas der Wartburg (1854/55).

Seuche, übertragbare Infektionskrankheit, auch als Epidemie bezeichnet, die zu massenhaften, oft tödlichen Erkrankungen führt

Sieben freie Künste ⇒ Magister

Sporen, Mehrzahl von Sporn, Metallbogen mit Spitze oder Rädchen, die hinten an den Stiefeln der Reiter angebracht wurden, um die Pferde zu lenken. Ein zum ⇒ Knappen erhobener ⇒ Page hatte sich „seine Sporen verdient".

Stände, Ständeordnung, durch unterschiedliche Rechte klar gegliederte Gruppen der mittelalterlichen Gesellschaft, schied vor allem zwischen den besitzenden Freien (Adel und Kirche) und den besitzlosen Unfreien (Bauern)

Steinmetz, auch Steinbildhauer, angesehenster mittelalterlicher Bauhandwerker, fertigte den „Bauschmuck" nach Musterbüchern

Steinzange, an Ketten oder Seil befestigte Klaue mit zwei gegeneinander stehenden „S"-förmigen Schenkeln, die mit einem Bolzen verbunden sind und beim Anheben in die Zangenlöcher der Steine einrasten

Streitkolben, auch „Schlägel", stumpfe Schlagwaffe, aus der Keule entwickelt

T

Täufer, Mitglieder einer radikalen ⇒ protestantischen Bewegung. Sie wurden verfolgt, ins Gefängnis geworfen und häufig selbst in evangelisch-lutherischen Gebieten hingerichtet.

These, Behauptung, die wissenschaftlich oder praktisch bewiesen werden muss

Theologie, Lehre von Gott und vom Glauben

Tonsur, Halbglatze, runde Teilrasur des oberen Kopfhaares im Scheitel, Zeichen der vollkommenen Hinwendung von Geistlichen zu Gott, 1973 in der katholischen Kirche abgeschafft

Tribok, ⇒ Blide

Truchsess, mittelalterliches ⇒ Hofamt an Königs- oder Fürstenhäusern, Aufseher über die Küche und die herrschaftliche Tafel

Turmburg, kleine Burg, die nur aus einem Wohnturm und einer Umfassung aus schweren Holzbohlen oder Stein besteht

Turmhügelburg, auch „Motte" (französisch für Erdhaufen oder Klumpen), ⇒ Turmburg im Flachland, die auf einem künstlich aufgeschütteten Hügel errichtet wurde

U

UNESCO, Abkürzung für Organisation der Vereinten Nationen für Erziehung (Bildung), Wissenschaft und Kultur, vergibt das Prädikat „Welterbe" für weltweit besonders bedeutende Denkmale. Die Wartburg wurde 1999 in die Welterbeliste eingetragen.

V

Via regia, Reichsstraße, Königsstraße; „Autobahnen des Mittelalters", wichtige Fernhandelsstraßen, die unter königlichem Schutz standen

Völkerschlacht, Entscheidungsschlacht der ⇒ Befreiungskriege vom 16. bis 19. Oktober 1813 bei Leipzig. Vergleiche ⇒ Napoleon I.

W

Wagner, Richard, 1813-1883, deutscher Komponist, Schriftsteller und Theatermann. Seine Oper „Tannhäuser" (⇒ Sängerkrieg) spielt auf der Wartburg und in ihrer Umgebung.

Walther von der Vogelweide, um 1170 - um 1230, bedeutendster deutschsprachiger mittelalterlicher Dichter, Teilnehmer des sagenhaften ⇒ Sängerkrieges

Wartburg, bekannteste deutsche Burg, Hauptsitz der Thüringer ⇒ Landgrafen, Thüringer Wahrzeichen, deutsches ⇒ Nationaldenkmal, internationale Welterbestätte ⇒ UNESCO

Wartburgfest, Name für mehrere große Versammlungen auf der Wartburg - 1817, 1848 und 1948. Am bekanntesten ist das Studenten-Fest 1817 (⇒ Burschenschaften), das als erste große Kundgebung ein geeintes Vaterland, ⇒ Deutsches Reich, forderte.

Wartburg-Stiftung, Eigentümerin und Verwalterin der Wartburg seit 1922, öffentlich-rechtliche Stiftung, die für die Erhaltung des Denkmals und seiner Kunstschätze sorgt und die Wartburg für Interessierte aus allen Ländern der Welt ganzjährig offen hält

Wasserburg, Burg im Flachland, die wegen fehlender Berge durch umlaufende tiefe und breite Wassergräben vor Feinden geschützt werden musste

Wettiner, deutsches Fürstengeschlecht, das über Jahrhunderte weite Teile Mitteldeutschlands beherrschte. Die Wartburg gehörte von Mitte des 13. Jahrhunderts bis 1918 zu dessen Besitz.

Wolf, mehrteiliges Hebewerkzeug für schwere Steine am Kran, im 13. Jahrhundert durch die ⇒ Steinzange abgelöst

Z

Zeughaus, Gebäude, in dem Waffen und militärische Ausrüstungen aufbewahrt wurden, vergleiche ⇒ Rüstkammer

Zeus, Oberhaupt der griechischen Götterwelt, bei den Römern „Jupiter" genannt

Zisterne, unterirdischer, oft in den Felsen gehauener Sammelbehälter für Regenwasser, das durch Filterkies geleitet und gereinigt wurde, auf der Wartburg nur acht Meter tief. Brunnen förderten im Gegensatz dazu gesundes Grund- und Sickerwasser zutage, mussten aber oft sehr weit in den Fels geschlagen werden. Der imposanteste Burgbrunnen der Welt befindet sich auf der Burg Kyffhausen (Kyffhäuser) in Thüringen - er ist 176 Meter tief.

Zeittafel zur Wartburggeschichte

um **1067** gründet Graf Ludwig der Springer die Wartburg und errichtet Türme aus Holz

1131 wird Sohn Ludwig I. zum Landgrafen ernannt

1155 beginnt Enkel Ludwig II. mit dem Ausbau der Wartburg in Stein

um **1170** wird der Palas fertiggestellt

1206 soll Landgraf Hermann zum Sängerkrieg auf die Wartburg eingeladen haben

1207 soll man den Wettstreit mit dem Magier Klingsor wiederholt haben, der die Geburt der ungarischen Königstochter Elisabeth vorhersagt

1211 kommt die Vierjährige zur Wartburg und wächst mit ihrem späteren Mann Ludwig IV. auf

1221 heiraten die Beiden - sie ist erst 14, er 21 Jahre alt

1227 stirbt Ludwig IV. auf dem Weg zum Kreuzzug

1228 verlässt Elisabeth den Thüringer Landgrafenhof und gründet bei Marburg ein Krankenhaus für die Armen, die sie dort selbst pflegt

1231 stirbt sie im Alter von nur 24 Jahren in ihrem Hospital, vier Jahre später wird sie heilig gesprochen

1247 erliegt Elisabeths Schwager König Heinrich Raspe IV. seinen Verwundungen, er war der letzte Landgraf der Ludowinger

bis **1263** streiten die Verwandten im Thüringisch-hessischen Erbfolgekrieg um den Besitz des Verstorbenen, Thüringen und die Wartburg gewinnen die Wettiner

1317 schlägt ein Blitz auf der Wartburg ein, es kommt zu einer Brandkatastrophe

um **1320** lässt Landgraf Friedrich der Freidige die Burg reparieren, den Südturm errichten und die Kapelle in den Palas einbauen

1406 stirbt Landgraf Balthasar auf der Wartburg, seine Enkel werden die letzten Thüringer Landgrafen sein

1485 wird die Wartburg Teil des Kurfürstentums Sachsen

1521-1522 wird Martin Luther nach seinem Auftreten beim Reichstag in Worms auf der Wartburg versteckt und übersetzt in der Vogtei das Neue Testament

1548 stirbt der Täufer Fritz Erbe nach langer Haft im Verlies des Südturms

1777 wohnt der Dichter Johann Wolfgang von Goethe zum ersten Mal auf der Burg, ist von der Landschaft begeistert und empfiehlt, die Gebäude nicht weiter verfallen zu lassen

1817 findet das Wartburgfest der Deutschen Burschenschaft statt

1838 fasst der junge Großherzog Carl Alexander den Entschluss, die Burg zu retten und wieder aufzubauen

bis **1890** sind die Arbeiten abgeschlossen

1913 wird das Wartburghotel gebaut

1930 sprengt man den Parkplatz unterhalb der Wartburg in den Fels

1946 beschlagnahmt die Rote Armee die Rüstsammlung der Burg als Beutekunst

ab **1952** sollen Um- und Neubauten des 19. Jahrhunderts wieder verschwinden

1967 werden die „Nationalen Jubiläen" der DDR gefeiert: 900 Jahre Wartburg, 450 Jahre Reformation, 150 Jahre Wartburgfest

1983 gibt es den zentralen Festakt der DDR zum 500. Geburtstag Martin Luthers auf der Wartburg

1990 zählt die Burg eine nie wieder erreichte Dreiviertelmillion Besucher

1999 wird die Wartburg in die UNESCO-Liste des Welterbes der Menschheit aufgenommen

Abbildungsnachweis

Seiten 7, 27, 49, 58: Wartburg-Stiftung, Eisenach

Seiten 16,17: Wartburg-Stiftung, Eisenach, Bilder entnommen aus dem Buch „ Dachsbeil, Wolf und Vogeltrage", erschienen 2008 im Verlag Schnell & Steiner, Regensburg

Seiten 23, 29, 47: Fotograf Ulrich Kneise, Eisenach

Seiten 20, 21, 41, 45: Fotograf Ulrich Kneise, Bilder entnommen aus dem Heft „Die Kunstsammlungen der Wartburg", erschienen 1998 im Verlag Schnell & Steiner, Regensburg

Seiten 30, 55, 56, 57: Fotograf Ulrich Kneise, Eisenach, Bilder entnommen aus dem Buch „Welterbe Wartburg", erschienen 2007 im Verlag Schnell & Steiner, Regensburg

Seiten 38, 40: Gutenbergbibel der Niedersächs. Staats- und Universitätsbibliothek Göttingen (www.gutenbergdigital.de)

Seite 12, 46: Wikimedia Commons (gemeinfrei)

Seite 40: Fotograf: Julia Sedlacek, Weimar

Seite 51: Klassik Stiftung Weimar, Goethe-Nationalmuseum, Weimar

alle anderen Abbildungen: Ralf Sedlacek, Weimar